컴퓨팅 사고와 소프트웨어

with 파이썬

성태응

現: 연세대학교 미래캠퍼스 소프트웨어학부 교수
前: 한국과학기술정보연구원 책임연구원
최종학위: 美) 코넬대학교 전기컴퓨터공학 전공 (공학박사)
관심분야: SW 프로그래밍 교육, 컴퓨팅 사고, 기계학습/딥러닝, 데이터마이닝

홍정희

現. 연세대학교 미래캠퍼스 소프트웨어학부 교수
前. KT 융합기술원 선임연구원
최종학위: 한국과학기술원 전기및전자공학 전공 (공학박사)
관심분야: SW 프로그래밍 교육, 컴퓨팅 사고, 기계학습/딥러닝, 디지털트윈

이홍래

現: 연세대학교 미래캠퍼스 소프트웨어학부 교수
前: 연세대학교 컴퓨터정보통신공학부 BK21+ 박사후 연구원
최종학위: 연세대학교 전산학과 전공 (이학박사)
관심분야: SW 프로그래밍 교육, 컴퓨팅 사고, 기계학습/딥러닝, 영상처리, 영상압축

컴퓨팅 사고와 소프트웨어 with 파이썬

인쇄 2022년 2월 23일 초판 1쇄
발행 2022년 3월 2일 초판 1쇄

저자 성태응, 홍정희, 이홍래
발행인 성희령
발행처 INFINITYBOOKS | **주소** 경기도 고양시 일산동구 하늘마을로 158, 대방트리플라온 C동 209호
대표전화 02)302-8441 | **팩스** 02)6085-0777
출판기획 안성일, 한혜인, 임민정 | **영업마케팅** 채희만, 한석범, 유효진, 이호준 | **총무회계** 이승희

도서문의 및 A/S 지원
홈페이지 www.infinitybooks.co.kr | **이메일** helloworld@infinitybooks.co.kr

ISBN 979-11-85578-92-7 | **등록번호** 제 2021-000018 호 | **판매정가** 25,000 원

"본 연구는 2021 년 과학기술정통신부 및 정보통신기획평가원의 SW 중심대학사업의 연구결과로 수행되었음"(2019-0-01219)

"This research was supported by the MIST(Ministry of Science, ICT), Korea, under the National Program for Excellence in SW), supervised by the IITP(Institute of Information & communications Technology Planing & Evaluation) in 2021"(2019-0-01219)

머리말

현대 4차 산업시대에는 기존 제조 기반의 하드웨어 중심사회에서 SW·IT·플랫폼으로 대변되는 소프트웨어 중심사회로 급격히 변환되어 발전하고 있다. 그야말로 소프트웨어, 인터넷, 인공지능, 드론, 자율주행차, 메타버스, 로봇머신 등의 디지털 테크놀로지가 가져오는 디지털 혁명이 현 시대의 최신 트렌드 기술을 대표한다고 할 수 있다.

과거에는 전산학 또는 컴퓨터공학 분야의 전공자들만이 접근 가능했던 소프트웨어 또는 프로그래밍 영역에 넘을 수 없는 진입장벽이 존재하였으나, 지금은 초등학교에서 대학에 이르기까지 누구나 소프트웨어를 이해하고 프로그래밍을 배우는 시대가 도래하였다.

우리가 흔히 일상생활에서 직면하는 현실 문제를 해결하는데 있어서, '분해, 패턴 인식, 추상화, 알고리즘, 평가, 자동화' 등의 구조적 절차를 통한 컴퓨팅 사고 (Computational Thinking)가 복잡하고 모호한 문제를 단순화·일반화 등의 구체화 과정을 통해 인식하고 필요 정보를 효과적으로 수집하여 분석하는 창의적 문제해결능력을 길러준다고 알려져 있다. 따라서, 본 교재에서는 21세기 핫 키워드인 인공지능, 빅데이터, 자율주행 등 다양한 분야에서 프로그래밍을 손쉽게 체득할 수 있는 언어인 Python을 활용하여 쉽고 간단한 일상생활 속 문제해결을 실행해 보도록 안내와 설명을 제공하고자 한다.

이 책에서는 Python의 최상급 수준을 다루거나, 프로그래밍(코딩 & 디버깅) 역량 강화에 집중하지는 않는다. 오히려, 전공자에게는 C/C#, JAVA 등 다양한 프로그래밍 언어 중 현재 오픈 라이브러리 기반으로 활용 확대가 기대되는 가장 쉬운 Python 언어의 기본을 소개하며, 동시에 컴퓨터 프로그래밍에 친숙하지 않는 비전공자들 대상으로 누구나 익혀두면 유용할 가장 쉬운 컴퓨터 언어를 배워서 소프트웨어의 이해를 높이고 친숙하도록 한다.

2022년 2월
저자 일동

강의 계획

주차	교재	제목	주요 내용
1	1장	변화하는 사회와 컴퓨팅 사고	• 4차 산업혁명과 디지털 트랜스폼의 동향 • 컴퓨팅 사고와 SW교육의 필요성 • 최근 변화하는 사회에 대한 컴퓨팅 사고의 활용 방향
2	2장	컴퓨터의 동작과 이해	• 컴퓨터의 구성 및 동작과정 이해 • 하드웨어와 소프트웨어의 역할 • 컴퓨터의 데이터 표현방법 • 프로그래밍 언어의 필요성
3	3장	컴퓨팅 사고의 문제인식과 해결	• 문제의 정의와 문제인식 이해 • 일반적 문제해결 • 창의적 문제해결 • 컴퓨팅 사고를 이용한 문제해결
4	4장	컴퓨팅 사고 단계	• 컴퓨팅 사고 단계 이해 • 컴퓨팅 사고의 전 단계(문제 분석, 데이터 수집과 표현) • 컴퓨팅 사고 단계(분해, 패턴 인식, 추상화, 알고리즘)
5	5장	컴퓨팅 사고의 자동화	• 컴퓨팅 사고의 자동화 단계 이해 • 파이썬 개발 환경 구축 및 실행
6	6장	변수와 자료형	• 변수 개념 • 자료형 개념 및 기본 자료형
7	7장 8장	기본 입출력 함수 연산자	• 표준 입력과 출력 함수 • 다양한 출력 형태를 위한 문자열 포맷팅 • 수식과 연산자 • 산술/관계/논리 연산자
8		중간고사	
9	9장	군집 자료형	• 문자열 자료형 • 리스트 자료형 • 딕셔너리 자료형
10	10장	조건문	• 선택문의 개념과 활용법 • if, if~else, if~elif~else, 중첩 if~else
11	11장	반복문	• 반복문의 개념과 활용법 • for, while • 반복문 제어(continue, break)
12	12장	함수	• 함수 개념과 활용법 • 사용자 정의 함수 작성 및 호출
13	13장	모듈	• 모듈 개념과 활용법 • 표준 모듈/외부 모듈/사용자 생성 모듈 활용
14	14장	컴퓨팅 사고를 통한 종합적 문제해결 프로젝트	• 369 게임기 • 키오스크 주문기
15		기말고사	

차례

CHAPTER

01

변화하는 사회와 컴퓨팅 사고

[학습목표]

▶ 4차 산업혁명과 디지털 트랜스폼의 동향 이해
▶ 컴퓨팅 사고와 SW교육의 필요성 이해
▶ 최근 변화하는 사회에 대한 컴퓨팅 사고의 활용 방향 이해

최근 4차 산업혁명 시대에는 디지털(Digital)과 데이터(Data)를 핵심 키워드로 하는 인공지능, 빅데이터, 사물인터넷(IoT), 자율주행, 로봇머신, 디지털트윈 등 다양한 분야에서 융합과 혁신이 이루어지고 있다. 이런 변화의 기조에 힘입어 컴퓨팅 사고력(Computational Thinking)은 읽기, 쓰기, 셈하기와 같이 이 시대를 살아가는 구성원이 필수적으로 갖추어야 할 기본 역량으로 손꼽힌다.

1.1 | 국내외 소프트웨어 교육 현황

선진국에서는 이미 21세기 인재 양성의 일환으로 앞다투어 컴퓨터 프로그래밍 교육을 시작하였다. 최근 국내에서 생겨나는 사교육 학원이나 중등 교과과정의 선택과목(예. 정보화 프로그래밍)들이 '실용적' 코딩 교육법에 초점을 맞추는 것과는 다르게, 해외에서는 스스로 생각하는 방법, 즉 컴퓨팅 사고력(Computational Thinking) 향상에 초점을 맞춘 '교육적' 접근 방법으로 학생들의 창의적 문제해결력 향상에 코딩의 교육 목표를 두고 있다.

영국은 2014년부터 코딩 교육이 의무화 되었으며, 5세부터 14세까지 크게 3단계로 나누어 체계적으로 소프트웨어 교육을 진행하고 있다. 미국은 고등학교 정규 교과목에 코딩 수업을 포함하여 가르치며, 일부 주에서는 제2외국어 대신 코딩을 가르치고 있다. 이 외에도 핀란드, 일본, 중국 등 세계 각국에서는 다양한 방법으로 소프트웨어 교육을 강화하는 추세다.

특히 미국은 코딩 교육에 있어서 가장 적극적이고 발빠른 교육전략을 추진하고 있으며, 정부의 강력한 의지와 대형 IT·플랫폼 기업의 지원으로 높은 성장 추세를 보이고 있다. 최근에는 코딩뿐만 아니라, 소프트웨어(software)와 피지컬 컴퓨팅(physical computing) 교육까지 전방위적으로 확대시키고 있다. 오바마 대통령의 경우, 2013년 프로그래밍과 컴퓨팅 교육의 중요성에 대해 대국민 연설 중 '새로운 경제에서 컴퓨터 사이언스는 선택이 아닙니다.'라고 할 정도로 세계 IT/SW 트렌드를 선도적으로 대응하고자 하였으며, 빌 게이츠, 마크 주커버그 등 IT 주요 인사들이 홍보영상을 만들어 교육 캠페인에 나섰다.

"새로운 경제에서 컴퓨터 사이언스는 선택이 아닙니다." - 대국민 연설 중에서...

미국의 대학가에서도 이미 10여 년 전부터 문제해결을 위한 대학생들의 창의적, 비판적, 융합적 사고와 컴퓨팅 파워가 결합되는 '컴퓨팅 사고' 관련 유사 소프트웨어 과목이 선풍적 인기를 끌고 있다. 하버드 대학에서 최근 5년간 가장 인기 있는 강의는 무엇일까?

'경제학 원론'(그레고리 멘큐 교수)? '정의란 무엇인가'(마이클 샌델 교수)? 아니다. 데이비드 맬런 교수의 '컴퓨터과학 입문(CS50)'이다. 이 과목은 전공/계열에 무관하게 모든 분야에서 문제해결을 하는 데 핵심 요인(core factor)이 되는 컴퓨팅 사고를 가르치고자 강의내용과 체제를 혁신해 왔다.

미국의 코딩 교육 포커스는 컴퓨터 지식과 코딩 교육뿐만 아니라, 날로 변화하는 디지털 환경에서 "사람의 생각과 컴퓨터 능력을 통합한 사고"를 강화하겠다는 취지이다. 미국에서는 2016년 AP코스로 'Computational Thinking'을 채택하였으며, 일본의 경우 2012년부터 '정보' 과목을 중학교(연간 55시간)와 고등학교 필수과목으로 지정하고 있다. 중국 역시 2005년 이후 정보통신 과목을 필수로 지정하여 70~140시간 교육을 받게 하고 있으며, 이스라엘에서도 1994년 이후에 고교 이과생을 대상으로 3년간 소프트웨어 수업 270시간을 이수하도록 하고 있다.

국가	연도	코딩 교육 운영현황
미국	2014 2015 2016	Code.org 가입자 3,700만 명 30개 교육청에서 정보과학을 졸업학점 인정과목으로 지정 AP코스 'Computational Thinking' 과목 실시 결정
영국	2014	컴퓨팅 과목을 5~16세 필수 과목으로 지정 초·중·고교에서 매주 1시간 이상 컴퓨팅 과목 교육
일본	2011 2012	초등학교 필수과목 지정 '정보' 과목을 중학교(연간 55시간)와 고등학교 필수과목으로 지정
중국	2001 2003 2005	초등학교 정보통신 과목 필수로 지정(3학년 68시간 이상 교육) 중학교 정보통신 과목 필수로 지정(68시간 교육) 고등학교 정보통신 과목 필수로 지정(70~140시간 교육)
인도	2010	초·중등학교에서 컴퓨터과학을 필수로 지정하여 교육
이스라엘	1994 2011	고등학교 이과생 대상 3년간 소프트웨어 수업 270시간 할당 중학교 컴퓨터과학 과정 개발 및 운영
에스토니아	2014	수학, 과학 등과 연계하여 프로그래밍 및 코딩 교육을 시도 프로그래밍 및 코딩 교육
핀란드	2015	프로그래밍 및 코딩 교육

1.2 | 소프트웨어 교육의 필요성

미국 노동통계국에 의하면, 소프트웨어 관련 직업은 2015년 약 70만 개이던 것이 2022년 약 160만 개에 이를 것으로 예상하고 있으며, 그 사이에 기존 직업군 100만 개가 사라질 것으로 예상하고 있다. 이러한 추세와 맞물려, 미국, 영국, EU 등 전세계적으로 소프트웨어 교육의 필요성을 인식하여 1990년대부터 초·중·고 학생들에게 컴퓨터과학을 필수 과목으로 지정하여 인재를 양성하기 시작하였다. 우리나라에서는 2018년 이후부터 초·중·고 학생들이 학교에서 소프트웨어 교육을 정규화하여 배우기 시작하였으나, 아직 선택 교과목이거나 비교과로 운영되는 사례가 많다.

소프트웨어는 다방면에서 우리의 일상생활에 큰 영향을 미치고 있는데, 자율주행 자동차의 연구개발비 90%가 소프트웨어 개발에 소요되는 점, 무인 드론을 통해 피자나 우편물/택배 등을 배달하는 데 소프트웨어 기반의 조종 기술이 요구되는 점, 과거에는 데이터를 축적·저장하는 단계에 그쳤던 것이 데이터를 처리, 분석, 시각화 과정을 통해 해석하는 단계까지 전 주기적으로 소프트웨어가 적용되고 발전한 점, 로봇공학이 하드웨어로서의 구성, 조립에 그치지 않고 인간의 인지와 지능을 연구하는 데 초점을 두는 점, 그리고 사물인터넷(IoT)이 인프라 구축이 아닌 콘텐츠에 집중하는 점 등을 고려할 때, 4차 산업혁명에서 소프트웨어는 필수 불가결한 개인의 역량이다.

자율주행차(구글카)와 무인 드론의 활용

1.3 | 4차 산업시대의 특징

4차 산업혁명이라는 단어를 처음 사용한 스위스의 클라우스 슈밥(Klaus Schwab)은 우리가 알고 있는 비영리재단인 세계경제포럼(World Econonic Forum: WEF)을 창립자이다. 세계경제포럼은, 전 세계 저명한 기업인, 경제학자, 저널리스트, 정치인 등이 모여 범세계적 경제문제에 대해 토론하고 국제적 실천과제를 모색하는 국제 민간회의 기구로 알려져 있다.

최근 클라우스 슈밥은 1차 산업혁명은 생산·기계, 2차는 전기·생산, 3차는 전자·통신·컴퓨터·하드웨어 중심, 4차는 바이오·디지털 테크놀로지 등이 변화를 가져온 핵심 기술이라고 언급하였다. 특히 슈밥은 4차 산업의 경우 사이버피직스(Cyberphysics)가 가져온다고 주장했는데, 사이버피직스는 물리적 시스템을 컴퓨터 알고리즘으로 제어하는 것을 의미하며, 디지털트윈(Digital-Twin)으로도 널리 소개되어 있다. 이는 미국의 공장자동화를 지칭하기도 하고 독일에서는 인더스트리 4.0 프로젝트를 뜻한다.

1st 기계화 수력 이용 증기력 이용	2nd 대량생산 조립라인 전기사용	3rd 컴퓨터와 자동차	4th 인공지능 사물인터넷 빅데이터

클라우스 슈밥은 다보스 세계경제포럼(2016년 1월)의 주요 의제로서, 모든 것이 연결되고 보다 지능적인 사회로 진화되고 있음을 강조하였고, "우리가 지금까지 우리가 살아왔고 일하고 있던 삶의 방식을 근본적으로 바꿀 기술혁명의 직전에 와 있다. 이 변화의 규모와 범위, 복잡성 등은 이전에 인류가 경험했던 것과는 전혀 다를 것이다."를 말하며 3차 산업혁명까지의 기술 변화 속도와는 차원이 다른 급속한 변화(rapid change)를 언급하였다.

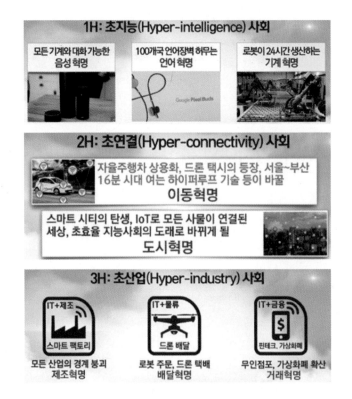

이전 시대와 달리, '디지털'과 '데이터'를 주 연료로 하는 4차 산업혁명은 인공지능, 사물인터넷(IoT), 빅데이터 등이 결합되어 기계의 지능화를 통한 생산성을 극대화하는 시대를 일컫는 용어이며, 컴퓨터와 인터넷으로 대표되는 기존 3차 산업 대비

'초연결-초지능-초산업(3H)'을 강조하며 '데이터'의 확보에 기반한 소프트웨어의 발전을 키워드화 하고 있다.

4차 산업혁명은 증기기관과 전기의 힘으로 대량생산을 자동화했던 19세기와도 다르고, 컴퓨터, 인터넷의 발달로 사회/경제/산업/정치/문화/법체계/고용과 노동 등 모든 패러다임이 변화해 온 20세기와도 다른, 정신노동의 생산성이 대폭 증대되며 메타버스, AI, 디지털트윈, 자율주행 등 디지털, 데이터, 컴퓨팅 파워 등이 융합되어 혁신 기술들이 현실화되는 신기술 홍수의 시대라고 할 수 있다.

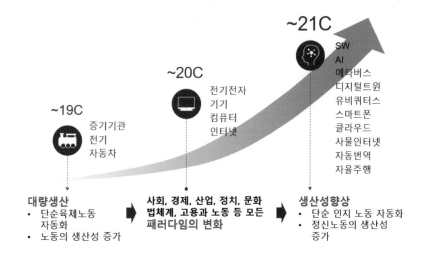

이는 1980년대부터 2000년대 초반까지 인텔(Intel), 마이크로소프트(MicroSoft), 소니(Sony) 등의 제조 기반 기업 위주에서 페이스북(Facebook), 아마존(Amazon), 애플(Apple), 넷플릭스(Netflix), 구글(Google)(이상을 FAANG이라고 일컬음), 트위터 등의 소프트웨어/플랫폼 기업들이 대세를 이루고 있으며, 국내에서도 네이버, 카카오 등의 기업들이 20대 구직자의 선호도 1위 기업군으로 인식되고 있다.

FAANG 기업 로고(좌)와 청년층 워너비 기업 Google 본사 전경(우)

이러한 IT 플랫폼 기업에 취직하는 가장 몸값 높은 전공이 데이터를 다루는 직종과 소프트웨어를 자유자재로 다룰 수 있는 자율창의적 인재로 알려져 있고, 1998년 이후 전 세계 입사하고 싶은 글로벌 기업 5위 내에 부동의 선호도를 받고 있는 Google의 로고 가치에서 소프트웨어의 중요성을 인식할 필요가 있다.

1.4 | 일상생활 속의 소프트웨어

우리 일상생활 속에서 이미 혁신 IT기술의 발전속도는 무어의 법칙에 버금갈 정도로 그 트렌드 변화 기간이 단축되고 있으며, 터치 입력, 웨어러블 컴퓨팅, 드론 기술, 물류자동화, 홀로렌즈 등 20여 년 전 상상만 했던 기술이 하드웨어와 소프트웨어가 결합된 다양한 형태로 현실화되고 있다.

손가락을 이용한 입력

웨어러블 의복

촬영용 드론

2018년 평창올림픽 드론쇼

물류창고의 물류자동화

마이크로소프트의 홀로렌즈

소프트웨어(software, S/W)의 개념은 통상적으로 '컴퓨터 프로그램과 그와 관련된 문서들'을 가리키고, 이는 하드웨어인 컴퓨터 및 이와 유사한 형태의 기기를 동작하게 만드는 논리적 기반이자, 사람을 움직이는 두뇌 지식에 해당된다. 4차 산업혁명 시대에서 소프트웨어는 혁신, 성장, 가치창출의 중심이 되고, 개인, 기업, 국가의 경쟁력 유지 및 향상에 꼭 필요한 핵심 경쟁역량이라 할 수 있으며, 이는 세계 소프트웨어 강국 2위인 인도가 세계 1,000대 기업 가운데 203개 업체가 인도 소프트웨어 인력을 30% 이상 핵심인력으로 보유하고 있음으로 증명되고 있다.

ICT 융합산업에서의 소프트웨어

이러한 소프트웨어의 중요성은 보건/의료, 유통/금융, 자동차/조선, ICT/가전, 건설/교통, 철강/기계, 섬유/화학, 공공/국방, 교육/문화를 비롯하여 전자상거래, 먹거리 등 생활 전반에 영향을 주는 대부분의 산업에서 부각되고 있으며, 현 시대는 SW 중심사회의 생태계로 이동하고 있는 셈이다. 따라서, 자원이나 인구가 선진국 대비 열악한 국내 환경을 면밀히 분석할 경우, 소프트웨어 인력과 이들이 보유하는 경쟁력이 향후 국부 수입원이 됨을 직시할 필요가 있다.

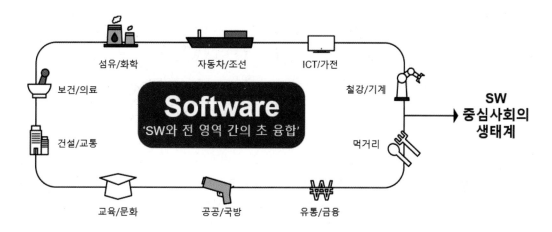

SW중심사회의 생태계는 개인, 기업, 정부 측면에서 직·간접적인 융합화 형태로 영향을 미치고 있는데, 미국과 영국에서 SW 조기교육을 실시하고 기업 차원에서 BMW의 무인카, 모닝글로리의 스마트 문구 트렌드가 확산되고 있다. 또한 각국 정부 차원에서는 의약품 연구개발에서 빅데이터와 인공지능을 이용하여 제약 효능 검증 비용을 효과적으로 절약하거나 공공이 클라우드 서비스를 선도하는 등 규제를 풀고 지원 정책을 늘리는 추세에 있다.

개인	• SW 조기교육(미/영), MOOC로 온라인 무료 대학교(8백만 명) • 일자리의 90%가 디지털기술(EU), 개인 맞춤형(아마존의 Dash)
기업	• BMW의 무인카 R&D 비용의 90%가 SW, 모닝글로리(스마트 문구) • 무한상상 제품(3D 프린팅, 구글 글라스), 신비즈니스(비트코인, IoT)
정부	• 빅데이터를 이용한 약의 효능 확인 비용 절감(미: 연 0.5억 불) • 공공이 클라우드 서비스 선도(미/일/영), 무인카 운행 허용(네바다주)

앞서 소프트웨어가 기존의 다양한 산업과 융합을 통해 새로운 시장을 창출한다고 하였는데, 해외 대비 국내의 현황은 어떨까?

이미 해외에서는 구글, 애플, 마이크로소프트, IBM, 페이스북 등 세계적인 IT 기업들이 데이터 기반의 소프트웨어 산업을 넘어 자동차, 헬스케어, 금융/투자 등 타 산업으로 사업영역을 확대해 왔다. 국내에서는 2000년대까지 검색(포털)기업으로 알려진 다음(Daum)과 네이버(Naver)를 중심으로 2010년 이후 소프트웨어 역량을 주된 경쟁력으로 선택 대신 집중을 택하게 되었다. 이를 통해 다음-카카오 기업 간 합병이 이뤄졌고, '카카오톡'이라는 소프트웨어가 단순한 모바일 메신저를 넘어 교통, 금융, 유통, 게임 등 다양한 산업과 융합하여 새로운 서비스를 제공하고, 스핀오프(spin-off) 기업을 형성하고 있다.

국내 검색포털 업체인 네이버에서는 네이버파이낸셜, N페이 등을 통해, 금융과 소프트웨어가 융합된 인터넷뱅킹, 모바일뱅킹, 앱카드 서비스를 제공함으로써, 금융기관의 개입 없이 전 세계 고객이 자유롭게 금융 업무를 처리할 수 있는 플랫폼 사업을 영위하고 있다.

소프트웨어가 의료 분야에 적용되기도 하는데, IBM에서 2015년 의료용 인공지능 'Watson Health Oncology'를 출시하였고, 구글이 2016년 딥마인드 헬스 부문을 지원, 운영하기에 이르렀다. 이는 병원 정보시스템, 컴퓨터 단층촬영(CT) 등 전문 의료기기, 혈당 및 맥박 측정 등 헬스케어 보조기기까지 다양한 의료 영역에 소프트웨어를 적용한 것이며, 국내에서는 2018년 한국형 AI 기반 정밀 의료솔루션 개발을 목표로 '닥터 앤서' 프로젝트를 운용해오고 있다.

4차 산업시대의 핵심기술 중 하나인 자율자동차(또는 무인카)에서 핵심 열쇠는 소프트웨어이다. 자율자동차 1대에 100개 정도의 전자제어장치(ECU: Electronic Control Unit)와 1억 라인 이상의 프로그래밍 코드가 탑재되며, 구글, 테슬라, 우버 등이 무인카 개발을 진행 중이며, 자율자동차용 소프트웨어 시장규모가 2020년 420억 달러 수준에 이르는 것으로 전망하였다.

이러한 소프트웨어 기술은 건축 설계 작업의 효율성을 높이는 데도 발전되어 왔으며, 2D 기반의 설계 소프트웨어를 넘어 3D 기반의 설계 소프트웨어를 활용하고, 건설 설계 전반을 관리해주는 BIM(Building Information Modeling) 소프트웨어 사용이 의무화되고 있다.

영화 분야에서 소프트웨어의 중요성은 더욱 커져서, 아바타, 타이타닉, 스타워즈, 어벤져스 등 많은 영화에서 컴퓨터 그래픽스(CG) 소프트웨어와 프로그래밍을 핵심 기술로 사용하고 있다. 종래의 특수 시각 효과(VFX)에 제한적으로 사용되던 것에서 벗어나, 디지털 촬영부터 상영시스템까지 전 과정에서 소프트웨어가 사용되고 있는 것이다.

이와 유사하게, 창작의 영역에서도 소프트웨어가 활발히 사용되는데, 에미상 수상 드라마 작품 중 80%가 '드라마티카 프로'라는 시나리오 저작 소프트웨어의 도움을 받고 있다. 국내에서는 엔씨소프트에서 영화, 게임 소설 등 이야기를 가진 작품을 구성할 때 도움을 주는 '스토리 헬퍼'라는 소프트웨어를 출시하여 현재에도 자주 사용되고 있다.

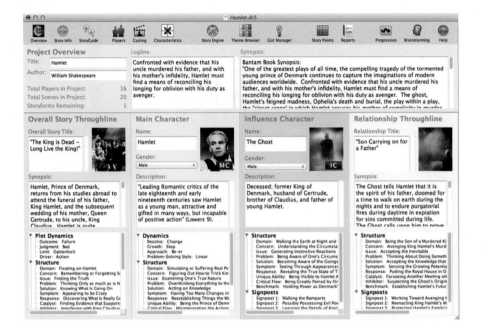

디지털 트랜스폼과 소프트웨어

미국에서는 '4차 산업혁명'이란 어휘보다 주로 디지털 트랜스폼(Digital Transform)이라는 용어를 흔히 사용하며, "소프트웨어가 세상을 먹어치우고 있다"고 표현하기도 한다. 이른바, 소프트웨어 혁명을 통해서 우리 사회가 소프트웨어 중심사회가 되고 있음을 인지하고 있다. 우리는 사람처럼 행동하도록 구성된 소프트웨어를 인공지능이라고 일컬으며, 소프트웨어, 인터넷, 인공지능, 드론, 자율주행차, 메타버스 등의 디지털 테크놀로지가 가져오는 디지털 혁명이 현 시대의 최신 트렌드 기술을 대표한다고 할 수 있다.

최근 화두가 되고 있는 메타버스에 대해 살펴보자.

메타버스란 메타(Meta: 초월, 추상)와 유니버스(Universe: 우주)의 – Verse가 합쳐진 용어로서, 간단히 설명하면 가상현실 세계를 가리킨다. 이 개념은 1992년 미국 SF작가인 닐 스티븐슨 소설 'Snow Crash'에서 처음으로 언급되었으며, 이 공간은 우리의 캐릭터인 아바타를 이용해서만 진입할 수 있는 가상공간을 가리킨다. 이후에는 가상현실을 바탕으로 한 세컨드 라이프라는 게임이 크게 흥행하면서, 메타버스의 개념이 더욱 알려지게 되었고, 최근에는 5G 상용화와 더불어 가상현실, 증강현실, 혼합현실 등을 구현할 수 있는 기반 기술로 각광받고 있다.

그러나 앞서 언급한 디지털 테크놀로지에는 모두 컴퓨터-소프트웨어라는 공통점을 가지고 있는데, 과거 세대의 산업혁명이 육체노동을 대신해 주는 기계의 발명이라고 한다면, 4차 산업혁명은 소프트웨어와 인공지능의 혁명으로서 정신노동, 지식노동을 자동화하는 것을 의미한다.

1.5 | 4차 산업시대에서의 SW교육 효과 및 컴퓨팅 사고 교육의 필요성

그렇다면, 4차 산업시대에서의 SW교육 효과는 무엇일까?

첫째, 의사소통과 협업을 촉진시킬 수 있다는 것이다. 컴퓨팅 사고력은 인간의 사고를 직접적으로 다루고 있으며 실생활의 문제를 탐색하고 해결책을 모색하는 과정에서 문제해결을 위한 도구로 컴퓨팅 사고력을 활용하게 되면서 타인과의 협업, 의사소통이 이루어지게 된다.

둘째, 문제해결에 있어 적절한 도구와 전략을 선택하고 활용하도록 한다. 컴퓨팅 사고력은 컴퓨팅 시스템이 문제를 해결하도록 적절한 자동화 도구를 사용하는 것을 포함하기 때문에 실생활이나 다양한 학문 분야에서의 문제해결에 있어 효율성을 향상시킬 수 있다.

셋째, 학습자들이 정보화 사회, 디지털 사회에 잘 적응할 수 있도록 한다. SW교육은 현대 사회에서 컴퓨팅 사고력의 역할을 이해하게 하고, 습득한 배경 지식을 적재적소에 어떤 방식으로 효과적으로 사용하도록 할 것인지, 어떤 지식을 갖추어야 하는지 그 필요성과 중요성을 깨닫게 하는 것이다.

넷째, 컴퓨팅 사고력의 향상은 문제해결 능력의 향상으로 이어진다. 컴퓨팅 사고력은 필요한 정보를 효과적으로 수집하는 능력, 수집한 자료들의 패턴을 분석하는 능력, 문제해결에 필요한 필수 요소를 걸러내는 능력, 문제해결 과정을 절차적으로 설계하는 능력, 문제해결을 위하여 정보과학적 시스템을 활용하는 능력을 기르도록 함으로써 궁극적으로는 학습자들의 창의적 문제해결 능력을 향상시키도록 한다.

따라서, SW교육을 통해 컴퓨팅 사고력을 함양하게 하여, 복잡하고 모호한 문제를 분석해 구체적인 문제로 바꾸고, 이를 해결하기 위해 필요한 정보를 찾아 모델을 만들어 답을 얻어내는 능력을 기르도록 할 수 있다. SW교육을 통해 4차 산업혁명 시대의 핵심 역량인 복합 문제해결 능력과 비판적 사고 능력, 창의력과 판단 및 의사결정 능력, 인지적 유연력 등의 역량을 강화시킬 수 있다. 이로부터 4차 산업혁명 시대가 요구하는 인재를 길러내기 위하여 SW교육이 필요하다는 것을 실감하게 된다.

이러한 SW교육이 필요함을 인식함에 따라, 국내 대학에서도 코딩 교육을 통해 학생들의 컴퓨팅 사고력뿐만 아니라 융합적 사고를 함양하여, 4차 산업에 중추적 역할을 하는 창의적 SW인재 양성에 초점을 둘 필요가 있는 것이며, 단순히 프로그래밍 언어의 스킬 위주의 사용법 교육이 아니라 그 과정 속에서 학생들이 문제해결력, 창의력, 논리적 사고력을 함양하는 것을 궁극적으로 지향해야 하고, 이것이 컴퓨팅 사고의 교육 목표가 되는 것이다.

1. 일상에서 자주 접하는 소프트웨어를 고르고, 과거에는 그 소프트웨어 대신 어떤 방식으로 문제해결을 하였는지 설명해 보자.

2. 컴퓨터 전공자가 아닌 비전공자를 포함하여, 모든 계열/학과에서 '컴퓨팅 사고' 강의를 필수 의무화하여 수강하도록 하는 이유가 무엇이라고 생각하는지와, 컴퓨팅 사고를 배움으로써 나의 향후 전공 및 진로와의 연관성에 대해 설명해보자.

3. 소프트웨어, 컴퓨팅파워 등 IT 기술 발전이 미래에 우려되는 점이 있다면, 이에 어떻게 대응할지에 대해 설명해 보자.

Computational Thinking and Software
with Python

컴퓨터의 동작과 이해

[학습목표]

▶ 컴퓨터의 구성/동작 과정 이해
▶ 하드웨어와 소프트웨어의 역할 이해
▶ 컴퓨터 내의 데이터들의 표현 방법 이해
▶ 컴퓨터와 소통하기 위한 프로그래밍 언어 이해

컴퓨터의 발전 2.1

컴퓨터의 구성 2.2

컴퓨터의 데이터 표현 2.3

프로그래밍 언어의 필요성 2.4

영화 어벤져스를 보면 슈퍼 히어로들의 능력을 독단적으로 사용할 때보다 다른 히어로들의 능력들의 이해하고 협력할 때 위기를 극복하게 된다. 인간은 빠르고 많은 양의 일을 처리하기에는 한계가 있지만, 창의적 문제해결을 할 수 있다. 컴퓨터는 빠른 계산 속도와 논리적 추론 및 거대한 양의 데이터를 기억할 수 있지만, 스스로 문제를 인지하여 해결하지는 못한다. 따라서 인간은 문제해결 방법을 구상하고 적절한 알고리즘을 만들면 컴퓨터는 알고리즘에 따라 빠른 속도로 문제를 해결하게 된다. 한 예로 Robotics Business Review의 기사에 따르면, 암 진단을 진단하는데 오류가 발생될 확률은 인간 3.5%, 인공지능 7.5%이지만, 인간과 인공지능이 협업을 통해서 암을 진단했을 때 발생되는 오류는 0.5%로 줄어들게 된다는 결과를 얻을 수 있다. 이처럼 인간과 컴퓨터가 훌륭한 파트너가 되어 복잡하고 어려운 문제를 해결하기 위해서는 컴퓨터의 구성 및 동작 과정에 대한 이해와 컴퓨터와 소통하기 위한 방법들에 대한 이해가 필요하다.

2.1 | 컴퓨터의 발전

컴퓨터는 '생각을 정리하며 수식을 따라 계산하는 것'을 의미하는 라틴어 'Computare'에서 유래했다. 고대의 주판과 근대의 기계식 계산기를 거쳐 1823년 찰스 배비지가 고안한 미분기로 발전했다. 1937년 앨런 튜링은 현대 컴퓨터의 모델의 소프트웨어와 하드웨어 개념을 정립한 '튜링머신'을 수학적으로 고안했고, 이를 기반으로 제2차 세계대전에 독일 나치의 암호인 에니그마를 해독하기 위한 Bombe라는 장치를 만들었으며 콜린서스 설계에도 영향을 주었다.

1940년대 중반부터 진공관을 이용한 대형 전자식 디지털 컴퓨터가 나오기 시작했고, 1960년대에는 여러 명의 사용자가 하나의 컴퓨터를 동시에 이용할 수 있는 메인 프레임 컴퓨터를 사용하게 되었다. 반도체 기술과 전자기술의 발달로 컴퓨터의 크기는 점점 작아지고 연산속도도 빨라지게 되면서 1970년 중반에는 스티브 잡스가 개인용 컴퓨터(PC)를 탄생시키게 되었다. 1980년대 IBM이 개인용 컴퓨터를 출시하였고 소프트웨어와 운영체제의 분야가 마이크로소프트와 썬마이크로시스템즈를 통해 발전하면서 컴퓨터의 하드웨어와 소프트웨어 그리고 운영체제의 발전이 가속화되었다. 1990년대 중반부터 인터넷 보급이 대중들에게 활발하게 이루어졌으며, 2000년대에는 웹 2.0으로 발전을 이루고 휴대성을 강조하는 기기들이 보급화되고, 소셜 네트워크 서비스(SNS)를 통한 사용자들의 참여, 공유, 개방이 생활화되었다. 현재에는 시맨틱 웹 기술을 이용한 개인 맞춤형 정보를 제공하는 지능형 웹 기술로 발전하고 있으며, 인공지능, 로봇, 등 컴퓨터뿐 아니라 다양한 학문과의 연계 및 융합을 통해 새로운 학문으로 발전하고 있다.

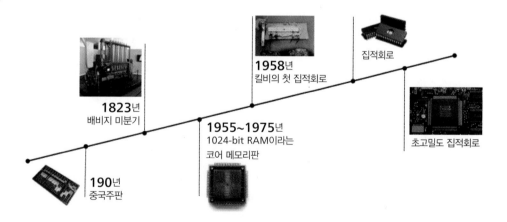

컴퓨터의 외부를 보면 다양한 장치들이 연결되어 있고, 내부는 많은 회로들로 구성되어 있다. 컴퓨터 시스템은 기본적으로 하드웨어(Hardware)와 소프트웨어(Software)로 구성된다. 하드웨어는 컴퓨터를 구성하는 물리적인 장치로, 대표적인 하드웨어로는 CPU, 메모리, 모니터, 키보드, 마우스, 복합기 등이 있다. 소프트웨어는 하드웨어의 동작을 지시하고 제어하는 명령어의 집합으로, 컴퓨터 프로그램과 이와 관련된 파일들이 소프트웨어에 해당하게 된다. 소프트웨어는 운영체제와 같은 시스템 소프트웨어와 한글, 카카오톡, Youtube 등과 같은 운영 소프트웨어로 나누어진다.

하드웨어　　　　　　　　　　　　　　　**소프트웨어**

하드웨어

컴퓨터 하드웨어는 중앙처리장치(CPU: Central Processing Unit), 주기억장치(Main Memory), 보조기억장치(Auxiliary Storage), 입력장치(Input Device), 출력장치(Output Device) 등으로 구성된다.

중앙처리장치

중앙처리장치(CPU: Central Processing Unit)는 인간의 두뇌에 해당하는 것으로 프로세서(Processor) 또는 미이그로프로세서(Microprocessor)라고도 한다. 중앙처리장치는 프로그램을 구성하는 명령어들을 실행하는 역할을 한다. 중앙처리장치는 각종 산술 및 논리 연산을 수행하는 산술논리연산장치(ALU:Arithmetic Logic Unit)와 프로그램 명령어를 해석과 명령에 따라 동작을 지시하는 제어장치(Control Unit), 중앙처리장치에서 명령어를 실행하는 동안 필요한 정보들을 저장하는 레지스터(Register), 중앙처리장치에서 자주 필요로 하는 프로그램 일부와 데이터를 저장하여 동작하는 캐시(Cache) 메모리 등으로 구성된다. 중앙처리장치 내부의 각종 연산을 수행하는 핵심 연산장치를 코어(Core)라고 하며, 코어의 개수에 따라 싱글코어, 듀얼코어, 트리플코어, 쿼드코어라고 부르며 하나의 중앙처리장치 속에 두 개 이상의 코어가 있는 경우 멀티 코어 프로세서라고 호칭한다.

주기억장치

주기억장치(Main Memory)는 CPU가 직접 접근하여 처리할 수 있는 기억장치로 컴퓨터가 실행중인 프로그램과 데이터를 저장한다. 프로그램이 실행되기 위해서는 주기억장치에 실행시킬 프로그램과 그 프로그램이 사용하는 데이터가 적재(load)되어 있어야 한다. 현재 CPU가 처리하고 있는 프로그램과 데이터를 저장하고 있어 메인 메모리라고 불린다. 주기억장치는 ROM(Read Only Memory)와 RAM(Random Access Memory)으로 나뉜다.

ROM은 기억된 내용을 읽을 수만 있는 기억장치로서 일반적으로 쓰기는 불가능하고 처리속도가 느리다. 하지만, 전원이 끊어져도 기억된 데이터들이 소멸되지 않는 비휘발성 메모리이기 때문에 시스템에 기억시키고 변화되면 안 되는 기본 입출력시스템(BIOS), 자가 진단 프로그램(POST)과 같은 주요한 시스템 소프트웨어를 기억시키는 데 사용된다.

RAM은 읽기와 쓰기가 가능한 장치로 응용 프로그램, 운영체제 등 현재 CPU가 사용중인 프로그램이나 데이터를 저장하는 역할을 하기 때문에 일반적인 주기억장치를 의미한다. 데이터를 읽고 쓰는 속도가 빠르지만, 전원이 끊어지면 데이터가 모두 지워지는 휘발성 메모리기 때문에 실행하고 있는 파일은 보조기억장치에 저장을 해야한다.

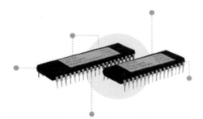 

ROM (Read Only Memory)

- 읽기만 가능
- 비교적 느리다
- 비휘발성 메모리

RAM (Random Access Memory)

- 읽기와 쓰기 가능
- 비교적 빠르다
- 휘발성 메모리

보조기억장치

보조기억장치(Auxiliary Memory)는 전원이 꺼지면 저장하고 있던 모든 데이터가 지워지는 주기억장치를 보완하기 위한 장치로 주기억장치보다 읽고 쓰는 접근 속도는 느리지만 컴퓨터에서 사용되는 다수의 프로그램과 데이터를 저장하기 위해 비교적 큰 저장용량을 가진다. 대표적인 보조기억장치로는 Hard Disk Driver(HDD)와 Solid State Driver(SSD)가 있으며, 오프라인 저장장치로 CD-ROM, DVD, USB, SD 메모리, 테이프 레코더 등이 있다.

HDD   **SSD**

입출력장치

컴퓨터로 데이터를 처리하기 위해서는 우선 처리할 데이터를 입력장치를 통하여 컴퓨터로 입력시켜야 하고, 컴퓨터가 처리한 결과의 데이터는 출력장치를 통하여 사용자가 읽을 수 있는 형태로 다시 되돌려주어야 한다. 입출력장치는 컴퓨터와 사용자 사이의 정보를 교환할 수 있는 장치들이다.

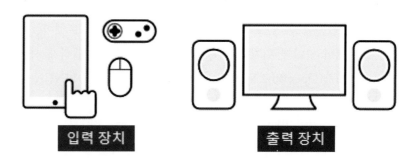

입력장치는 외부의 데이터를 컴퓨터로 읽어들이는 장치로 자료를 컴퓨터가 인식할 수 있는 형태로 변화시켜 주기억장치로 읽어 들이는 역할을 한다. 대표적인 입력장치로는 키보드, 마우스, 스캐너, 조이스틱, 터치패드, 라이트펜, 디지타이저, 터치스크린, 바코드 입력기 등이 있다.

출력장치는 컴퓨터에서 처리한 결과를 사용자가 이해할 수 있는 형태로 출력하는 장치로 컴퓨터에서 처리된 내용을 사용자가 인식할 수 있는 문자나 도형, 그 외의 다양한 멀티미디어 형태로 표시하는 역할을 한다. 대표적인 출력장치로는 모니터, 프린터, 스피커, 이어폰, 빔 프로젝터, 음성응답장치, 플로터 등이 있다.

소프트웨어

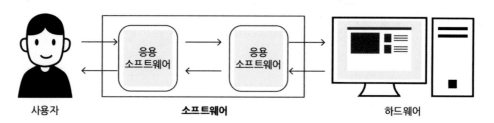

컴퓨터를 구성하는 물리적인 장치인 하드웨어만 있다면, 최신 장치로 구성된 컴퓨터라도 열과 소음만을 발생시키는 쓸모없는 기계가 되어버린다. 컴퓨터를 이용하여 원하는 작업을 컴퓨터에게 수행하시키기 위해서는 소프트웨어가 반드시 필요하다.

소프트웨어는 하드웨어를 효율적으로 운영하기 위해 개발된 프로그램과 그에 관련된 문서들을 일컫는다. 프로그램은 소프트웨어라는 단어와 일반적으로 같은 의미로 쓰이며, 컴퓨터에게 수행하고자 하는 작업을 명령어 형태로 저장해 놓은 것을 의미한다. 소프트웨어는 하드웨어 접근성에 따라 시스템 소프트웨어와 응용 소프트웨어로 나누어진다.

시스템 소프트웨어는 하드웨어들의 복잡한 동작과정을 알지 못해도 컴퓨터를 편리하게 사용하여 원하는 프로그램들을 효율적으로 실행할 수 있도록 만들어진 프로그램이다. 응용 소프트웨어를 실행하기 위한 기반을 제공하고 컴퓨터 하드웨어를 동작, 접근할 수 있도록 설계되어 있다. 시스템 소프트웨어는 하드웨어와 응용 소프트웨어 사이에 위치하여 사용자들이 컴퓨터를 원활하게 사용할 수 있게 해주는 운영체제(Operating System: Window, MAC, UNIX/LINUX 등), 사용자가 작성한 프로그램을 컴퓨터가 이해할 수 있는 명령어로 번역해 주는 언어번역 프로그램(컴파일러/어셈블러), 사용자가 편리하게 컴퓨터를 관리하고 사용할 수 있도록 도와주는 시스템 유틸리티(디스크 관리, 파일 압축, 파일 복사, 프린터 관리 등), 네트워크 장치를 관리하는 통신 제어 시스템, 보조기억장치에 들어있는 데이터들의 효율적인 저장 및 복원을 담당하는 데이터베이스 관리시스템 등이 있다.

응용 소프트웨어는 사용자가 컴퓨터를 통해 특정한 분야의 업무를 처리하기 위해 만든 프로그램이다. 스마트폰에서 사용하는 애플리케이션(APP)도 응용 소프트웨어에 속한다. 응용 소프트웨어로는 문서의 작성, 편집, 인쇄 등의 기능을 수행하는 워드프로세서(한글, MS Word 등), 수식을 쉽게 계산해 주는 스프레드시트(한셀, MS Excel 등), 도표, 도형, 그래프를 이용하여 발표 자료를 쉽게 작성하는 프레젠테이션 프로그램(한쇼, MS PowerPoint 등), 원하는 이미지를 그리거나 동영상 편집을 수행하는 멀티미디어 프로그램(포토샵, 일러스트레이터 등), 인터넷 사용을 위한 웹 브라우저(크롬, 익스플로러, 사파리 등), 동영상 플레이어, 게임 등이 있다.

하드웨어와 소프트웨어의 동작의 예

컴퓨터를 사용하기 위해서는 하드웨어와 소프트웨어가 함께 동작되어야 한다. 부팅(Booting)은 하드웨어와 소프트웨어가 어떻게 함께 동작되는지 알 수 있는 대표적인 예시로 들수 있다. 부팅이란 컴퓨터를 사용하기 위해 컴퓨터의 전원을 넣고 운영체제를 시작하는 과정을 나타낸다.

컴퓨터에 전원이 들어오면 주기억장치에 저장되어 있는 ROM에서 BIOS 프로그램이 실행된다. BIOS 프로그램은 컴퓨터 본체와 하드웨어에 정상적인 작동을 하는지 체크하면서, 하드웨어 부품을 초기화하는 역할을 수행한다. 다음으로 보조기억장치에 저장되어 있는 부팅 프로그램을 주기억장치인 RAM에 로딩되고, 부팅 프로그램에 따라 보조기억장치에 저장되어 있는 운영체제가 주기억장치인 RAM에 로딩된다. 운영체제는 컴퓨터 시스템을 구성하고 로딩 작업을 완료한다. 운영체제가 실행되면, 사용자는 운영체제를 이용하여 사용자가 실행하길 원하는 응용 소프트웨어들을 주기억장치에 로딩시킬 수 있고 하드웨어 제어도 가능하게 된다.

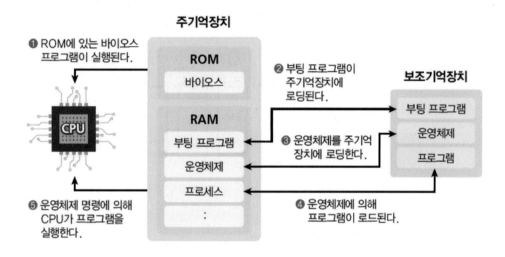

2.3 | 컴퓨터의 데이터 표현

하드웨어와 소프트웨어가 함께 동작하기 위해서 사용되는 컴퓨터 내의 모든 데이터는 0 또는 1의 값으로 저장되고 처리된다. 사용자가 사용하는 문자, 숫자, 기호, 소리, 영상도 컴퓨터는 0과 1을 사용하는 2진수로 변환하여 저장되고 처리된다. 컴퓨터가 2진수를 사용하는 이유는 하드웨어를 구성하는 전자 스위치가 ON과 OFF 두 가지 상태만을 가지기 때문이다. 초기의 컴퓨터는 사용자가 쉽게 이해하기 쉽도록 10진수를 사용하도록 만들어졌다. 하지만, 하드웨어의 전압 레벨을 10단계로 나누는 일이 쉽지 않았고 오류도 많이 생겼다. 그 예로 인버터 스위치 스탠드를 생각해보면 쉽게 이해할 수 있다. 인버터 스위치 스탠드를 보면 단계별로 등의 밝기를 조절할 수 있다. 하지만, 등의 밝기로 보았을 때, 이것이 몇 단계인지 감지하기 어렵다. 이와 같은 원리로 컴퓨터를 이용한 계산 결과를 전구의 밝기로 감지해야 한다면, 이는 많은 오류가 발생된다. 하지만 전구의 상태를 ON과 OFF로만 나타내어 ON은 1로 OFF는 0으로 해석하면 계산의 오차 발생을 줄일 수 있다.

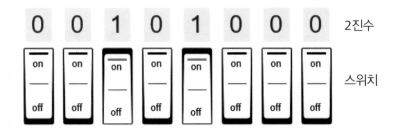

컴퓨터에서 정보를 저장하는 가장 기본적인 단위는 bit(binary digit)이다. 비트를 전구 한 개로 표현한다면, 전구의 상태가 ON일 때 1을 나타내고, OFF일 때 0을 나타낸다. 컴퓨터에서는 bit를 모아서 데이터를 나타낸다. 1 bit는 전구 1개로 표현 할 수 있는 0, 1 상태 2가지의 경우 나타내고 2 bit는 전구 2개로 표현할 수 있는 00, 01, 10, 11 상태 4가지의 경우를 나타낸다. 3bit는 000, 001, 010, 011, 100, 101, 110, 111 상태 8가지의 경우를 나타낸다. 이는 2가지 상태를 가지는 전구가 3개 있으므로 2 * 2 * 2 = 2^3, 8가지의 경우가 되는 것이다.

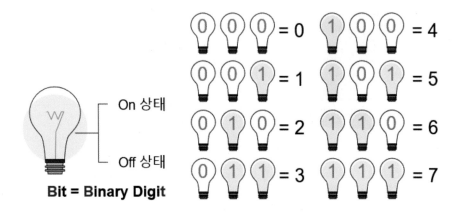

진법

컴퓨터가 데이터를 표현하는 방법을 이해하기 위해서는 진법을 이해해야 한다. 진법(進法)은 수를 셀 때, 자릿수가 올라가는 단위를 기준으로 하는 셈법을 말한다. 사람이 숫자를 나타내기 위해 사용하는 진법은 10진법이다. 10진법은 0~9까지 10개의 기호를 이용하며, 9 다음의 수를 쓸 때 자릿수를 올려서 10으로 표현한다. 10진수에서의 하나의 자릿수가 10의 거듭제곱을 나타내게 된다.

10^3	10^2	10^1	10^0
1	3	2	7

이와 같은 방식으로 2진법은 0~1까지 2개의 기호를 이용하며 1 다음의 수를 쓸 때 자릿수를 올려서 10으로 표현한다. 2진법에서의 하나의 자릿수가 2의 거듭제곱을 나타내게 된다.

2^3	2^2	2^1	2^0
1	1	0	1

16진법은 0~9와 알파벳 A~F까지 16가지 기호를 이용하며 9 다음의 수인 10은 두 자리를 나타내므로 A는 10, B는 11, C는 12, D는 13, E는 14, F는 15를 표현한다. 16진법에서도 하나의 자릿수가 16의 거듭제곱을 나타낸다.

16^3	16^2	16^1	16^0
1	3	2	A

컴퓨터에서는 2진수를 이용해 큰 수를 표현할 경우 숫자의 크기를 판단하기 힘들고, 관리하는 데 어려움이 생기므로 2진수에서 변환이 쉽게 되는 16진수를 사용하게 된다. 2진수 4자리로 표현가능한 범위는 0~15인데 이는 16진수 1자리와 같기 때문에 2진수 4자리는 16진법 하나의 자릿수로 표현이 가능하다.

컴퓨터의 저장단위

컴퓨터에서 문자를 저장하는 기본단위인 1byte는 bit 8개를 모아서 만들어지게 된다. 컴퓨터의 저장단위는 Kilobyte – Megabyte – Gigabyte – Terabyte – Petabyte – Exabyte – Zettabyte – Yottabyte - Brontobyte로 구성되며 그 크기는 다음의 표와 같다.

명칭	단위	2진수	10진수
Kilobyte	1 KB	1024 (2^{10})	1,000(10^3)
Megabyte	1 MB	1024 KB (2^{20})	1,000,000(10^6)
Gigabyte	1 GB	1024 MB (2^{30})	1,000,000,000(10^9)
Terabyte	1 TB	1024 GB (2^{40})	1,000,000,000,000(10^{12})
Petabyte	1 PB	1024 TB (2^{50})	1,000,000,000,000,000(10^{15})
Exabyte	1 EB	1024 PB (2^{60})	1,000,000,000,000,000,000(10^{18})
Zettabyte	1 ZB	1024 EB (2^{70})	1,000,000,000,000,000,000,000(10^{21})
Yottabyte	1 YB	1024 ZB (2^{80})	1,000,000,000,000,000,000,000,000(10^{24})
Brontobyte	1 BB	1024 YB (2^{90})	1,000,000,000,000,000,000,000,000,000(10^{27})

컴퓨터의 다양한 정보 표현

사용자가 사용하는 문자, 숫자, 이미지, 소리 등은 컴퓨터에 2진수의 조합을 코드로 나타내어 표현된다. 컴퓨터에서 문자를 표현하는 가장 대표적인 코드표는 ASCII(American Standard Code for Information Interchange) 코드이다. ASCII 코드는 7비트로 구성되어 있어서 0~127까지 각 번호에 따른 문자들이 정의되어 있다.

2진법	8진법	10진법	16진법	모양	2진법	8진법	10진법	16진법	모양	2진법	8진법	10진법	16진법	모양
0100000	040	32	20	sp	1000000	100	64	40	@	1100000	140	96	60	`
0100001	041	33	21	!	1000001	101	65	41	A	1100001	141	97	61	a
0100010	042	34	22	"	1000010	102	66	42	B	1100010	142	98	62	b
0100011	043	35	23	#	1000011	103	67	43	C	1100011	143	99	63	c
0100100	044	36	24	$	1000100	104	68	44	D	1100100	144	100	64	e
0100101	045	37	25	%	1000101	105	69	45	E	1100101	145	101	65	d
0100110	046	38	26	&	1000110	106	70	46	F	1100110	146	102	66	f
0100111	047	39	27	'	1000111	107	71	47	G	1100111	147	103	67	g
0101000	050	40	28	(	1001000	110	72	48	H	1101000	150	104	68	h
0101001	051	41	29	)	1001001	111	73	49	I	1101001	151	105	69	i
0101010	052	42	2A	*	1001010	112	74	4A	J	1101010	152	106	6A	j
0101011	053	43	2B	+	1001011	113	75	4B	K	1101011	153	107	6B	k
0101100	054	44	2C	,	1001100	114	76	4C	L	1101100	154	108	6C	l
0101101	055	45	2D	-	1001101	115	77	4D	M	1101101	155	109	6D	m
0101110	056	46	2E	.	1001110	116	78	4E	N	1101110	156	110	6E	n
0101111	057	47	2F	/	1001111	117	79	4F	O	1101111	157	111	6F	o
0110000	060	48	30	0	1010000	120	80	50	P	1110000	160	112	70	p
0110001	061	49	31	1	1010001	121	81	51	Q	1110001	161	113	71	q
0110010	062	50	32	2	1010010	122	82	52	R	1110010	162	114	72	r
0110011	063	51	33	3	1010011	123	83	53	S	1110011	163	115	73	s
0110100	064	52	34	4	1010100	124	84	54	T	1110100	164	116	74	t
0110101	065	53	35	5	1010101	125	85	55	U	1110101	165	117	75	u
0110110	066	54	36	6	1010110	126	86	56	V	1110110	166	118	76	v
0110111	067	55	37	7	1010111	127	87	57	W	1110111	167	119	77	w
0111000	070	56	38	8	1011000	130	88	58	X	1111000	170	120	78	x
0111001	071	57	39	9	1011001	131	89	59	Y	1111001	171	121	79	y
0111010	072	58	3A	:	1011010	132	90	5A	Z	1111010	172	122	7A	z
0111011	073	59	3B	;	1011011	133	91	5B	[	1111011	173	123	7B	{
0111100	074	60	3C	<	1011100	134	92	5C	\	1111100	174	124	7C		
0111101	075	61	3D	=	1011101	135	93	5D	]	1111101	175	125	7D	}
0111110	076	62	3E	>	1011110	136	94	5E	^	1111110	176	126	7E	~
0111111	077	63	3F	?	1011111	137	95	5F	_					

사용자가 키보드를 이용하여 !를 입력하면 컴퓨터는 0100001로 정의된 값으로 이해하게 되는 것이다. 이미지의 색상 또한 우리가 알고 있는 RGB 코드표를 이용하여 이미지의 색상에 따른 R,G,B의 코드 조합을 통해 다양한 색상을 이해하게 된다.

2.4 | 프로그래밍 언어의 필요성

중국어를 사용하는 사람과 한국어를 사용하는 사람이 의사소통을 하려면 통역사가 중재 역할을 해줘야 한다. 마찬가지로 자연어를 사용하는 사용자와 0과 1로 이루어진 기계어를 사용하는 컴퓨터가 의사소통을 하기 위해 자연어와 기계어를 연결하는 중간 매개체로써 프로그래밍 언어가 사용된다. 프로그래밍 언어는 사용자가 컴퓨터에게 특정한 작업이나 기능을 수행하는 프로그램을 작성하기 위해 만들어진 언어이다. 프로그래밍 언어는 Python, Java, Matlab, C, C++, scratch 등 컴퓨터가 수행할 작업에 특화된 다양한 언어가 있으며, 이들 언어가 사용자가 사용하는 자연어에 가까운 언어이면 고급언어, 컴퓨터가 사용하는 기계어에 가까운 언어이면 저급언어로 나누어진다.

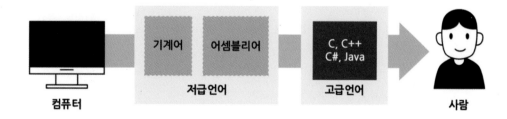

실습문제

1. 크리스마스 이브날 백화점에서 쇼핑하던 Tom은 실수로 꼭대기에 갇혔다. 주의를 끌기 위해 주변을 보니 아무도 없었다. 그 때 길 건너편 건물에서 일하는 직원들을 발견하고 크리스마스 트리를 이용해 메시지를 보내어 구출되었다. 그 내용은 무엇일까?

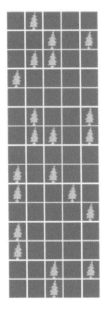

[Hint] 2진수를 이용하시오.

1	2	3	4	5	6	7	8	9	10	11	12	13
a	b	c	d	e	f	g	h	i	j	k	l	m
14	15	16	17	18	19	20	21	22	23	24	25	26
n	o	p	q	r	s	t	u	v	w	x	y	z

2. 본인의 간단한 정보를 나타내는 QR코드를 만들어 보자.

3. 본인이 갖고 있는 스마트폰 입력장치, 출력장치, 응용 소프트웨어, 운영체제를 찾아 보자. 내 스마트폰에서 사용되고 있는 센서들도 찾아 보자.

- 입력장치

- 출력장치

4. 우리 삶 속에 있는 소프트웨어들을 찾고 이러한 소프트웨어가 없었을 때의 과거 생활과 현재 생활은 어떻게 다른지 비교해 보자.

5. 우리 생활 속에 컴퓨터나 디지털 기계와 소통 또는 다루는 다양한 방법들을 찾아보고 더 개선해야 하는 방법이나 발전 방향을 생각해 보자. 이에 따른 장점과 단점을 생각해 보자.

   예) 키오스크, 음성제어 등의 사용법을 생각해본다.

연습문제

1. 컴퓨터를 구성하는 물리적 장치를 통틀어 가리키는 용어는 무엇인가?

2. 중앙처리장치(CPU)을 구성하는 5가지 요소들을 쓰시오

3. RAM과 ROM의 차이를 쓰시오

4. 주기억장치와 보조기억장치의 차이를 쓰시오

5. 컴퓨터의 전원을 넣고 운영체제를 시작하는 과정을 무엇이라고 하는가?

6. 소프트웨어 분류에 따른 예를 아래의 프로그램에서 모두 골라 번호를 쓰시오.

❶ snow   ❷ 파일압축   ❸ chrome   ❹ 조각모음

❺ 프린터 관리   ❻ 포토샵   ❼ WORD   ❽ OS

시스템 소프트웨어:

응용 소프트웨어:

7. 텍스트를 표현하기 위해 현재 가장 널리 사용하는 코드표는 무엇인가?

8. 프로그래밍 언어의 필요성을 기술하시오.

Computational Thinking and Software
with Python

CHAPTER

03

컴퓨팅 사고의 문제인식과 해결

[학습목표]

▶ 문제인식과 해결에 필요한 능력 이해
▶ 일반적, 창의적 문제해결 및 컴퓨팅 사고를 이용한 문제해결의 이해

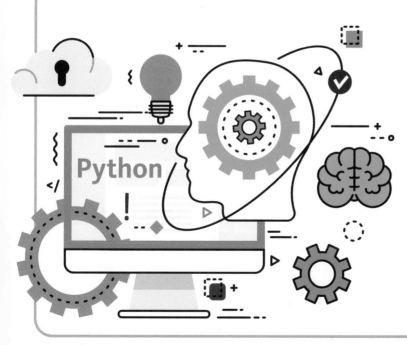

인간의 생활에서 일어나는 문제는 수없이 많고 다양하다. 무엇을 먹을지, 무엇을 입을지, 생각지 못한 시간이 생겼을 때 무엇을 할지, 재정적으로 부유해지기 위해서 돈을 어떻게 모을 것인지, 살을 빼기 위한 방법 등, 인간은 일상생활 속에서 시시각각 일어나는 문제들을 해결하면서 살아간다. 단순히 기억하고 있는 것이나 배운 기술을 그대로 사용해서 해답을 찾는다면 문제는 쉽게 해결될 수 있다. 예를 들어 수학 문제는 공식을 사용하여 답을 찾으면 쉽게 문제가 해결된다(회사에 들어가서 이미 배운 지식이나 기술만을 이용해 일을 하는 사람에게 그 일에 대한 문제들은 쉽게 해결된다). 하지만 문제를 해결하는 데 있어 정해진 방식도 없고 인터넷이나 책에도 해답을 즉각적으로 찾기 어려운 문제에 직면할 때 인간은 경험을 통해 얻은 지식과 창의적 통찰 등을 총동원해서 그 문제를 해결할 수밖에 없게 된다.

3.1 | 문제의 정의

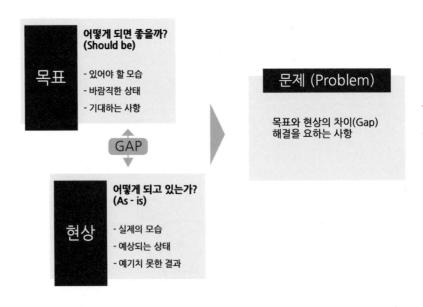

문제는 현재의 상태에서 원하는 목표 상태에 도달하기 위한 차이에서 발생된다. 즉, 현재 상태가 목표 상태로부터 떨어져 있고 목표 상태로 가는 과정에 차이가 생길 때 문제가 발생하는 것이다. 예를 들어 새로 나온 상품을 소비자들에게 어떻게 홍보해야 많이 팔릴 수 있을까? 4차 산업혁명 시대에 따라 산업 및 생활 환경이 어떻게 변화할 것이고 변화에 따른 준비를 어떻게 할 것인가? 가장 짧은 시간으로 목적지에 도착하기 위한 루트는 어떤 것인가? 이러한 현상과 목표의 차이를 줄여 목표에 도달하는 과정을 문제해결 과정이라고 한다.

3.2 | 문제인식과 해결

문제해결을 위해 가장 먼저 해야 하는 것은 문제인식이다. 문제를 인식하는 단계는 문제를 발견하는 단계와 문제를 정의하는 단계로 나눌 수 있다.

문제를 발견하는 단계는 현재 상태 속에 문제가 있다는 것을 감지하는 단계이다. 문제는 현재 상태에서 원하는 목표 상태에 도달하기 위한 차이에서 발생되는데, 목표 상태가 있다는 것을 인식하지 못하거나, 목표 상태가 있다는 것을 알고 있더라도 목표 상태에 도달하는 과정에 차이가 발생되는 것을 모르거나, 혹은 그 과정에 차이가 발생되는 것을 알고 있더라도 그 과정을 줄이는 방법이 적절하지 못하다는 것을 모르는 경우, 문제가 있다는 것 자체를 발견하지 못하게 된다. 예를 들면 운동 선수가 '골격근 증가 및 체지방 감소'라는 목표를 인식하지 못하거나, '골격근 증가 및 체지방 감소'가 잘 이루어지고 있다고 생각하는 경우 혹은 '골격근 증가 및 체지방 감소'을 위한 운동 방법이 적절하지 않다는 것을 모른다면 그 사람은 문제가 있다는 것 자체를 발견하지 못하게 된다.

문제가 있다는 것을 발견하고 나면, 발견된 문제를 정확하게 이해하고 규정하는 문제정의 단계로 넘어간다. 문제에 대한 올바른 해답이 나오기 위해서는 문제를 정확하게 이해하고 규정하여 문제를 정의할 수 있어야 한다. 문제로 발견은 되지만 정의될 수 없는 문제들이 있다. 예를 들어 수천 년에 걸쳐서 금속을 금으로 바꾸기 위해 연구해온 연금술, 해를 서쪽에서 동쪽으로 뜨게 하는 방법, 황금알을 낳는 닭을 키우는 방법 등, 근본적으로 불가능한 문제는 문제라고 할 수 없다. 문제를 해결하기 전에 올바른 해답이 나올 수 있는 문제인지 문제가 제대로 정의되는 진짜 문제(Real problem)인지 점검해봐야 한다. 또한 문제를 정의하기 위해서는 문제를 정확하게 이해해야 한다.

수업 시간에 발표를 안 하는 아이에게 계속적으로 발표를 시키고 질문하도록 하는 것이 문제해결에 도움이 되는 것인지, 아니면 문제를 더 키우는 것인지는 문제가 무엇인지에 따라 다르다. 어떤 아이는 집에서나 친구들에게 관심을 받지 못하다가 수업 시간에 주목받고 관심의 대상이 되는 것을 두려워 할 수 있다. 그런 아이에게는 오히려 선생님의 질문은 도움이 되는 것이 아닌 두려움을 주는 도구이므로 우선은 친구를 사귀게 하면서 친구들과의 관계성을 만들어 주는 것이 문제해결 방법일 수 있다.

데이트 중에 여자친구가 남자친구에게 묻는다. "나 살찐거 같지?" 남자친구는 이 말에 대한 문제가 무엇인지 파악해야 한다. 여자친구의 객관적인 모습을 파악해서

답을 해달라고 하는것이지, 오늘 나의 드레스 코드와 화장이 얼마나 잘 어울리는지를 알아달라는 것인지, 여자친구가 지금 배가 고픈 것인지, 문제에 대한 올바른 해석에 따라서 그 날의 데이트의 결말은 다르게 결정된다.

3.3 | 문제해결 능력과 문제해결 방안

우리의 일상 속에서 발생되는 문제들은 쉽게 예상 가능한 문제부터 예기치 못하고 복잡하여 단순히 해결할 수 없는 문제와 같이 다양한 방식으로 나타난다. 학교에서 배운 내용으로 당장 해결할 수 있는 문제가 우리에게 주어질 수도 있고, IT 기업의 성장을 위한 다른 분야와 융합 문제를 만들 수도 있으며, 지금은 보이지 않는 새로운 제품 개발을 위한 문제들이 주어질 수 있다. 이러한 문제들을 바르게 인식하고 바람직한 문제해결을 하기 위해서는 문제해결 능력이 필요하다.

문제해결 능력이란, 다양한 방식의 문제들을 창의적, 논리적, 비판적 사고를 바탕으로 문제의 원인을 찾아 새로운 대안을 마련하고 능동적이고 적극적으로 해결하는 능력이다.

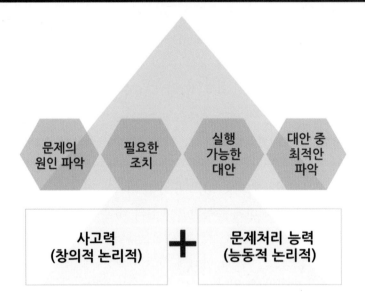

문제 발생 시 사고력을 통해 이를 해결하는 대응력과 해결능력

문제의 원인 파악 · 필요한 조치 · 실행 가능한 대안 · 대안 중 최적안 파악

사고력 (창의적 논리적) + 문제처리 능력 (능동적 논리적)

문제해결 능력은 사고력과 문제처리 능력의 문제해결 도구를 사용하게 된다. 사고력은 창의적, 논리적, 비판적으로 생각하는 능력으로 이를 통해 문제의 원인 파악

과 문제해결에 필요한 조치들을 생각하게 된다. 문제처리 능력은 문제의 특성을 파악하여 해결을 위한 대안을 제시하고 이를 적용해보고 그 결과를 피드백하는 능력으로, 이를 통해 문제해결에 필요한 실행 가능한 대안들을 적용함으로써 노력한 시간 대비 효과적인 해결 방안을 찾게 된다.

문제해결 방안은 다양한 방법들이 있다. 이 중 대표적인 문제해결 방안으로는 일반적 문제해결 방법, 창의적 문제해결 방법, 컴퓨팅 사고를 이용한 문제해결 방법이 있다. 일반적인 문제해결 방법은 정형화된 개념을 학습하고 체득한 원리를 이용하여 문제를 해결하는 방법이며 창의적 문제해결 방법은 문제를 새로운 관점으로 접근하는 방식을 이용하여 문제를 해결하는 방법이다. 컴퓨팅 사고를 이용한 문제해결 방법은 창의적이고 논리적으로 문제를 분석하여 컴퓨터로 문제를 해결하도록 하는 방법이다.

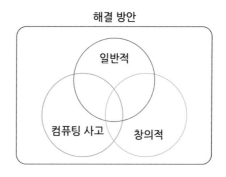

이 3가지 문제해결 방법은 각각이 구별되는 독립적인 방법이 아니라 문제해결을 하는 데 있어서 공통되는 부분과 각 방법에 따른 특징을 가지고 있다.

일반적 문제해결 방법

일반적 문제해결 방법은 문제인식, 대안선택, 대안적용, 대안평가의 과정을 통해 수행된다. 우선, 문제를 파악한 뒤에 정형화된 개념과 원리에 맞추어서 해결할 수 있는 방법과 이전에 유사한 방식의 문제를 해결했던 방법들을 파악하여 다양한 대안들을 만든다. 다양한 대안들을 적용해보고, 그 중 가장 효율적인 방법이 무엇인지 파악하여 문제해결 방안으로 결정하게 된다. 이러한 일반적 문제해결 방법의 예로는 단계적인 문제해결 과정을 통하여 주어진 문제를 체계적으로 해결하는 폴리아의 4단계 문제해결법이 있다.

문제이해 단계	• 문제에서 주어진 것과 구하려는 것을 인식 • 용어의 뜻을 파악 • 문제를 분석
계획 단계	• 문제에서 주어진 것과 구하려는 것 사이의 관계 파악 (관련성을 파악할 수 없을 경우→ 보조 문제 고려) • 여러 가지 문제해결 전략을 이용하여 계획 수립
실행 단계	• 수립된 문제해결 계획에 따라 실행
반성 단계	• 효과적인 다른 방법이 있는지 해결 과정 재검토

폴리아의 4단계 문제해결법의 1단계는 문제이해 단계로 문제를 분석하여 문제의 주어진 조건, 해결해야 할 목표, 상황 등을 파악하여 주어진 문제를 이해한다. 2단계는 계획 단계로 이해한 문제를 해결하기 위해 경우의 수로 나누어 생각하기, 비슷한 문제 떠올리기, 단순화시켜보기, 거꾸로 풀기 등의 정형화된 개념과 원리에 맞춘 다양한 문제해결 전략을 이용하여 계획을 수립한다. 3단계는 실행 단계로 앞에서 수립한 다양한 계획들을 실행하며 문제를 해결한다. 4단계는 반성 단계로 다양한 관점에서 풀이 과정과 해결법을 검토하며 비판적 사고를 가지고 당연한 사실로 간주되는 정보들을 확인하고 다른 효율적인 방법이 있는지 점검한다.

폴리아의 4단계 문제해결법의 예제

[문제 1] 오른쪽 그림과 같은 격자 형태의 길이 있다고 가정하자. 시작 지점에서 종료지점까지 갈 수 있는 방법들을 생각해보고 그 중 가장 효율적인 방법의 경우의 수는 몇 개인지 알아보자.

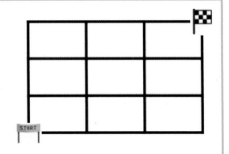

풀이

폴리아의 4단계 방법으로 문제를 풀어보자

[1단계] 문제이해 단계

• 관찰 조건: 격자 형태의 길, 시작 지점, 종료 지점
• 문제 목표: 시작 지점에서 종료 지점으로 가는 효율적인 방법
• 제한 조건: 효율적인 경로는 오른쪽 혹은 위로 가야 함

[2단계] 계획 단계

- 시작점에서 분기 가능한 지점까지의 경우의 수를 대각선(우측하향) 방향으로 고려

[3단계] 실행 단계

- 각 분기점으로부터 다음 분기점까지의 경우의 수를 계산

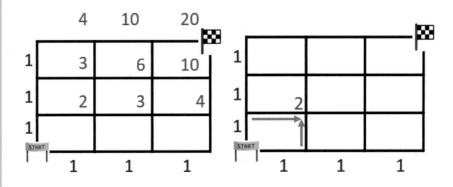

[4단계] 반성 단계

- 다른 효율적인 방법은? 순열을 활용
- "aaabbb" 일렬로 배열하는 경우의 수가 곧 최단 경로!

$$\frac{6!}{3! * 3!} = 20$$

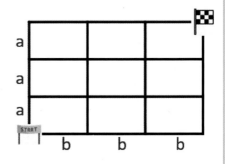

창의적 문제해결 방법

창의적 문제해결 방법은 상상력, 창의성, 열린 사고를 통한 문제해결 방법이다. 창의적 문제해결은 정형화된 개념을 기반으로 문제를 해결하는 것을 넘어 발상의 전환을 통해 수행된다. 파블로 피카소는 상상력에 대해 "상상할 수 있는 모든 것은 실현 가능하다"라고 이야기 했으며 알버트 아인슈타인은 "당신이 지금 상상하고 있는 것이, 앞으로 당신 삶에서 펼쳐질 일들에 대한 예고편이다"라고 말했다. 이 말처럼 상상력은 현실에서 보여지지 않은 것을 보게 만들고 정형화된 사실을 이용하여 지금껏 몰랐던 것을 유추할 수 있게 만든다. 상상력은 획일화된 방법이 아닌 문제를 새로운 관점으로 제한조건 없이 접근하여 창의성에 다가가게 만들어 준다.

파블로 피카소(Pablo Picasso)

알버트 아인슈타인(Albert Einstein)

열린 사고는 어떻게(how) 생각하느냐? 또는 왜(why) 그렇게 생각하느냐? 등의 질문을 통하여 문제해결을 위한 보다 깊이 생각하고 탐구하는 방법이다. 따라서 대부분 열린 사고 문제는 정형화된 계산이나 풀이 방법을 뛰어넘어 여러 가지 가능성이나 조건들을 생각해야 풀 수 있게 된다. 열린 사고 문제는 상상력을 통하여 해결할 문제들도 포함되며, 답이 여러 가지인 경우도 있고, 정해진 해답이 없는 경우도 있으며, 아무도 해답을 모를 수도 있다. 열린 사고의 가장 좋은 예는 브레인 스토밍으로 한 가지 주제에 대하여 정해진 틀에 얽매이지 않고 다양한 관점에서 여러 사람의 의견을 교환함으로써 창의적인 의견을 종합하여 새로운 해결방안 및 아이디어를 만드는 데 사용된다.

창의적 문제해결의 방법의 예제

[문제 1] 공원을 이용하는 사람들이 쓰레기를 길거리에 버리지 않고, 공원에 비치된 쓰레기통에 버릴 수 있게 하는 방법은 무엇이 있을까?

풀이

쓰레기통 위에 농구대를 설치하여 사람들의 승부욕을 자극하게 만들어 길에 쓰레기를 버리지 않고 쓰레기통에 넣고 싶게 만든다.

[문제 2] 언제 변경될지 모르는 신호 때문에 운전자들은 불편함을 호소한다. 이를 해결할 수 있는 방안은 어떤 것이 있을까?

풀이

신호등 불에 점멸하는 등을 표시하여 운전자들에게 언제 신호가 변할지를 알려 주게 한다.

[문제 3] 카페에서 공부하는 학생들로 인하여 테이블 순환 저하가 발생되고 이로 인해 매출이 감소한다. 이를 해결할 수 있는 방안은 어떤 것이 있을까?

풀이

카페에서 공부하는 사람들의 수요에 맞춰 기존의 카페 관습을 깨고, 공부할 수 있는 공간을 마련하고 음료 비용이 아닌 이용시간 당 요금 부과하는 방식으로 운영한다(스터디 카페의 시작).

[문제 4] 어린이들이 선풍기에 손가락을 넣어 다치는 사고가 빈번하게 발생된다. 이러한 사고를 방지하기 위한 방법은 무엇이 있을까?

풀이

선풍기의 프로펠러 대신에 선풍기 스탠드에 내장된 팬과 전기모터를 이용하여 아래쪽으로 공기를 흡입하여 둥근 고리 쪽으로 바람을 올려보내 주변의 공기의 압력 차이로 인해 바람이 발생되도록 한다.

일반 선풍기   날개 없는 선풍기

컴퓨팅 사고를 활용한 문제해결

컴퓨팅 사고를 활용한 문제해결 방법은 일상 속 현실 문제들을 컴퓨터를 이용하여 문제를 해결하는 방법이다. 컴퓨팅 사고(Computational thinking)는 인간의 사고 능력과 컴퓨터의 능력을 통합한 사고로서, 인간이 문제를 분석하여 컴퓨터로 문제를 해결하기 위한 절차를 만드는 것이다. 컴퓨팅 사고라는 용어는 1980년과 1996년 미국 MIT 대학교 시무어 파퍼트(Symour Papert) 교수가 처음 사용한 후 2006년 미국 카네기 멜런 대학교 지넷 윙(Jeannette M. Wing) 교수가 ACM 저널에 기고한 "Computatinal Thinking" 논문에서 자세히 논의되었다.

지넷 웡 교수는 컴퓨팅 사고는 컴퓨터 과학자뿐만이 아니라 누구나 갖춰야 하는 읽기, 쓰기, 셈하기와 같이 기본적인 역량에 추가해야 할 만큼 모든 분야의 사람들이 자신의 문제를 해결하는 데 활용할 수 있는 보편적인 사고이자 기술이라고 주장하였다.

지넷 웡 교수는 컴퓨팅적 사고의 특징을 다음과 같이 정의하였다.

1. 컴퓨팅적 사고의 핵심은 프로그래밍이 아닌 개념화에 있다.

   컴퓨터 공학은 컴퓨터 프로그래밍이 아니다. 컴퓨터 공학자와 같이 사고한다는 것은 컴퓨터 프로그래밍을 할 줄 아는 것, 그 이상이다. 여러 단계의 추상화를 통해 사고하는 것이 컴퓨팅적 사고다.

2. 컴퓨팅적 사고는 단순 반복적인 기술이 아닌 모든 사람이 갖춰야 하는 핵심 역량이다.

   단순 반복은 기계적인 반복을 뜻한다. 모순 같지만 컴퓨터 공학자들이 인공지능에 대한 궁극적인 과제(AI Grand Challenge)인 인간처럼 사고하는 컴퓨터를 만들기 전까지 컴퓨팅적 사고는 기계적 사고에 머물 것이다.

3. 컴퓨팅적 사고는 컴퓨터가 아닌 인간의 사고방법이다.

   컴퓨팅적 사고는 인간이 문제를 해결하는 방법의 하나로 인간이 컴퓨터처럼 사고하는 것을 뜻하는 것이 아니다. 컴퓨터는 따분하고 지루한 반면 인간은 영리하며 상상력이 풍부하다. 인간은 컴퓨터를 흥미롭게 만들 수 있다. 우리는 컴퓨터 기기에 인간의 영리함을 불어넣어 컴퓨팅 시대 이전에는 상상도 못한 문제를 해결하려고 하고 있으며 이를 구현하는 데 있어 우리를 가로막는 것은 상상력의 한계뿐이다.

4. 컴퓨팅적 사고는 수학적 사고와 공학적 사고를 보완하고 결합한다.

   모든 과학 분야가 수학에 기초하고 있듯 컴퓨터 공학 역시 수학적 사고에 기반하고 있다. 또한 컴퓨터 공학은 실제로 사용될 시스템을 설계하는 데 쓰이기 때문에 공학 기술적 사고에 기초하고 있기도 하다. 컴퓨터 엔지니어는 컴퓨팅 기기의 한계로 인해 수학적 사고와 컴퓨팅적 사고를 발휘할 수밖에 없다. 반면에 자유롭게 가상현실을 만들 수 있기 때문에 그들은 물질로 이루어진 세상을 초월한 시스템을 구상할 수 있기도 하다.

5. 컴퓨팅적 사고는 인공물이 아닌 아이디어이다.

   우리가 만든 소프트웨어와 하드웨어만이 우리의 생활의 일부가 된 것이 아니다. 문제를 해결하기 위해, 일상 생활을 꾸려나가기 위해, 다른 이들과 소통하기 위해 발전된 컴퓨팅적 개념 또한 우리의 삶의 구석구석에 막대한 영향을 끼치고 있다.

6. 컴퓨팅적 사고는 모두를 위한 것이다.

   컴퓨팅적 사고가 인간 활동에 필수 요소가 되어 더 이상 특수한 철학으로 존재하지 않을 때 그것은 자연스러운 삶의 일부가 될 것이다.

이러한 특징들을 정리해보면, 컴퓨팅 사고는 컴퓨터 프로그래밍에만 이용되는 방법이 아니라, 컴퓨터 공학의 기본 개념을 끌어와 문제를 해결하고, 시스템을 설계하고, 인간의 행동을 이해할 수 있다는 것이다. 즉 컴퓨팅 사고는 공학 분야뿐만 아니라 일상생활에서 나타나는 문제를 해결하는 데도 이미 사용되고 있다.

컴퓨팅 사고의 예

예시 1.

일상: 캠핑을 가기 전에 캠핑에 필요한 다양한 장비와 준비물들을 챙긴다.

컴퓨터 공학: 컴퓨터에서 빈번히 사용되는 자료나 정보를 미리 준비해 놓은 것을 프리패칭(pre-fetching)과 캐싱(caching) 이라고 한다.

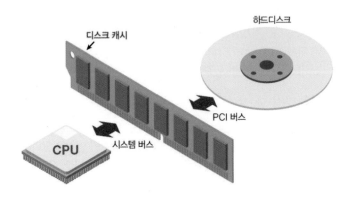

예시 2.

일상: 집으로 돌아오는 길에 물건을 놓고왔다는 생각이 들면, 집으로 오기 전에 들렸던 모든 곳들을 되짚어보면서 어디에 물건을 두었는지 생각한다.

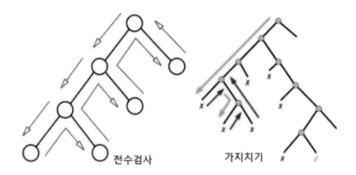

컴퓨터 공학: 문제해결을 위해 모든 과정을 되짚는 것을 백트래킹(Backtracking) 이라고 한다.

예시3.

일상: 세탁을 할 때는 세탁기, 건조기, 다리미 순으로 사용하게 된다. 이때, 옷의 종류에 따라 각각 세탁을 하게 되면 시간이 오래 걸리게 된다. 하지만, 장치를 겹쳐서 사용하게 되면 세탁 시간을 단축할 수 있다.

컴퓨터 공학: CPU의 연산 단계를 겹치게 진행하는 것을 파이프라이닝(Pipelining)이라고 한다.

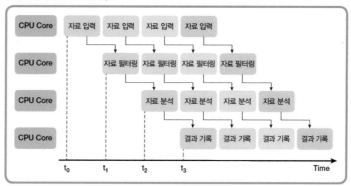

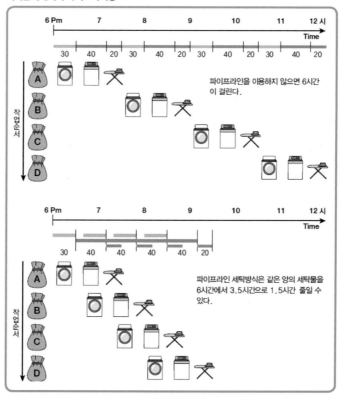

실습문제

1. 학생 한 명이 도서관에 도착했으나, 학생증이 없어 출입을 할 수 없는 상황이다. 하지만 일주일 뒤에 있을 공모전에 참여하기 위해 참고 서적들을 꼭 빌려야 한다. 여러 가지 해결방안에 대해 토의해보자(현재 학생증은 자취방에 있다).

2. "만약 이 세상에 컴퓨터가 갑자기 없어진다면 어떤 일이 생길 것인가?"라는 문제에 대해 떠오르는 생각을 5개 정도 적어보자.

3. 일상 생활 속에 있는 문제들을 찾아보고 일반적 문제해결 방법과 창의적인 문제해결 방법으로 나누어 해결해 보자.

1. 문제란 (   )와 (   ) 사이에 차이가 존재하는 것이다.

2. 문제를 인식하는 단계는 문제를 (   )와 (   )로 나눌 수 있다.

3. 아래의 상황에 따른 문제인식을 수행하여라(단계별로 쓰시오).
   (1) 내일 오후에 소개팅 약속이 잡혀 있다.
   (2) 집에 친구들을 초대해서 음식을 만들려고 한다.
   (3) 등산 중에 갈림길을 만나 어디로 가야 할지 모른다.
   (4) 세명이 한 조인 상황에서 조별 과제를 나누려고 한다.
   (5) 음식점에 들어와 메뉴를 주문하려고 한다.
   (6) 빨래 건조대에 건조된 빨래들이 널려있다.
   (7) 시험이 2주 남아서 시험공부 계획을 세워야 한다.

4. 일반적 문제해결의 4단계를 설명하시오.

Computational Thinking and Software
with Python

CHAPTER

04

컴퓨팅 사고 단계

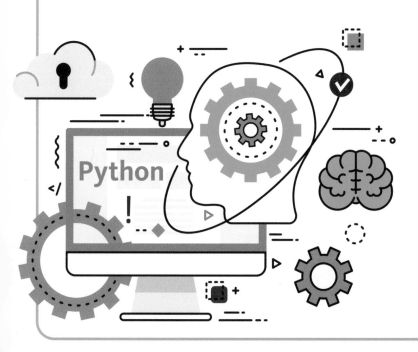

컴퓨팅 사고(Computational thinking)는 컴퓨터 과학자들이 문제해결을 위해 사고하는 방법과 그와 관련된 기본적인 문제해결 기술로부터 시작되어 컴퓨터를 활용하여 문제를 해결하는 과정에서의 여러 가지 특성과 기질을 포함하는 문제해결의 과정이다. 파퍼트 교수와 지넷 윙 교수의 제안과 주장은 컴퓨팅 사고에 대한 초석이 되었다. 지넷 윙 교수의 논문에서 컴퓨팅 사고의 주요 요소로 강조한 핵심적인 사고들을 정리하면 다음과 같다.

표 4.1 컴퓨팅 사고의 5가지 주요 요소

컴퓨팅 사고의 주요 요소	의미
재귀적 사고(Recursive Thinking)	문제해결의 방법을 찾은 후, 동일한 방법을 문제해결에 지속적이고 반복적으로 적용할 수 있는 사고
개념화(Conceptualizing)	단순한 시각에서 접근하지 않고, 분석, 설계, 코딩 등의 여러 단계에서 추상화 시각으로 접근할 수 있는 사고
병렬 처리(Parallel Processing)	통합적인 넓은 시각에서 병렬적 해결 방법을 파악하여, 문제를 처리할 수 있는 사고
분해(Decomposition)	어려운 문제를 작게 쪼개고 분할하여 해결할 수 있는 사고
추상화(Abstraction)	복잡한 문제의 공통적인 부분을 인식하여 핵심을 파악할 수 있는 사고

미국의 컴퓨터과학 교사협회인 CSTA(Computer Science Teachers Association), 교육에서의 기술 국제모임인 ISTE(International Society for Technology in Education), 그리고 Google은 지넷 윙 교수의 모델을 기반으로 컴퓨팅 사고의 10단계를 정의하였다.

표 4.2 CSTA, ISTE와 Google의 컴퓨팅 사고 10단계

단계	내용
데이터 수집(Data Collection)	문제의 이해와 분석을 토대로 문제를 해결하기 위한 자료를 모으는 단계
데이터 분석(Data Analysis)	수집된 자료와 문제에 주어진 자료를 세심히 분류하고 분석하는 단계
데이터 표현(Data Representation)	문제의 자료 내용을 그래프, 차트, 단어, 이미지 등으로 표현하는 단계
문제 분해(Problem Decomposition)	문제를 해결하기 위해 문제를 나누어 분석하는 단계
패턴 인식(Pattern Recognition)	분해된 문제의 패턴, 규칙성 등을 인식하는 단계
추상화(Abstraction)	문제의 복잡도를 줄이기 위해 기본 주요 개념의 정의를 설정하는 단계
알고리즘(Algorithm)	문제를 해결하기 위한 과정을 순서적 단계로 표현하는 단계
자동화(Automation)	순차적으로 나열하고 표현한 내용을 컴퓨팅 기기를 이용하여 문제해결의 최선책을 선택하는 단계
시뮬레이션(Simulation)	복잡하고 어려운 해결책이나 현실적으로 실행이 불가능한 해결책을 선택하기 위해 모의 실험하는 단계
병렬화(Parallelization)	목표를 달성하기 위한 작업을 동시에 수행하도록 자원 구성

문제해결을 위한 컴퓨팅 사고의 단계는 주장하는 단체에 따라 여러 가지 단계로 나뉘지나 지넷 윙 교수의 컴퓨팅 사고의 주요 요소를 중심으로 내용에서는 대동소이하다. 이 책에서는 CSTA, ISTE와 Google의 컴퓨팅 사고 10단계를 재구성하여 아래 그림과 같이 컴퓨팅 사고 8단계로 설명하도록 하겠다.

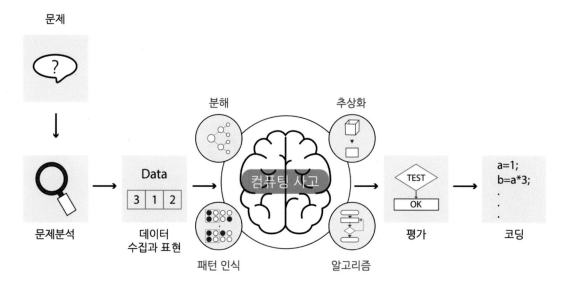

컴퓨팅 사고 8단계는 문제 분석, 데이터 수집과 표현, 분해, 패턴 인식, 추상화, 알고리즘, 평가, 코딩의 단계로 구성된다. 컴퓨팅 사고 8단계는 컴퓨팅 사고의 주요 요소인 분해, 패턴 인식, 추상화, 알고리즘을 기준으로 컴퓨팅 사고 전 단계, 컴퓨팅 사고 단계, 컴퓨팅 사고 실행 단계의 세 부분으로 나눌 수 있다.

4.1 | 컴퓨팅 사고 전(前) 단계

컴퓨팅 사고 전 단계로는 문제 분석과, 데이터 수집과 표현 단계로 이루어진다. 이 단계는 일반적 문제해결 단계의 문제인식 단계와 유사하지만, 컴퓨팅 사고는 컴퓨터를 이용하여 문제를 해결해야 하기에 문제를 논리적이고 객관적으로 분석하는 단계이다.

문제 분석

문제 분석은 주어진 문제에 대한 논리적인 분석을 통하여 해결해야 하는 문제에 대해 객관적이고 논리적으로 점검하는 단계이다. 이 단계를 통하여 문제의 핵심이 무엇인지 분석하고 해결 방법들의 바탕을 마련하게 된다. 문제 분석 단계에서는 문제를 계산적 관점에서 관찰하여 문제에 모순이 없는지, 문제가 객관적이고 논리적으로 정의가 되었는지, 문제가 진짜 문제인지, 문제의 핵심은 무엇인지, 문제가 복합적인 사항의 문제인지, 문제에 대한 유사한 해결방법이 이미 존재하였는지 등의 문제에 대해 다양한 점검을 수행한다.

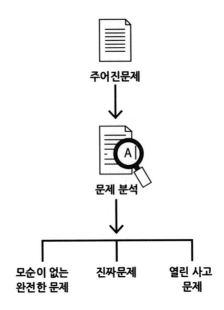

데이터 수집과 표현

데이터 수집과 표현 단계는 문제에 관련된 다양한 데이터들을 이용하여 문제해결에 필요한 지식들을 수집하는 단계이다. 데이터 수집은 문제와 함께 주어진 데이터, 서적이나 설문조사 등을 통해 수집된 데이터, 그리고 인터넷 검색 엔진을 활용한 데이터을 이용하며, 수집된 데이터는 도표, 그래프, 차트, 영상 등의 형태로 표현하여 문제해결에 도움을 준다

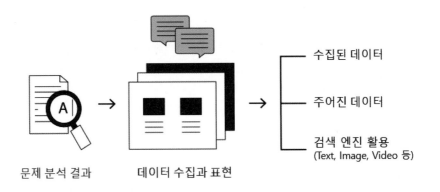

4.2 | 컴퓨팅 사고 단계

컴퓨팅 사고 단계는 분해, 패턴 인식, 추상화, 알고리즘, 평가 단계로 이루어진다. 분해, 패턴 인식, 추상화, 알고리즘은 컴퓨팅 사고에서 매우 중요한 네 가지 요소이지만, 각 단계의 개념은 주장하는 단체에 따라 약간 모호한 점이 있다. 이 책에서는 분해, 패턴 인식, 추상화 단계를 문제를 해결하는 사고 과정으로 생각하고 그 결과를 토대로 알고리즘을 설계한다. 이렇게 만들어진 알고리즘은 평가 단계를 통해 컴퓨팅 사고의 실행 단계인 코딩(자동화) 단계로 넘어갈 수 있는지 판단한다.

분해

분해(Decomposition)는 크고 복잡한 문제를 해결하기 쉬운 크기의 작은 문제들로 나누는 방법이다. 복잡한 문제를 작게 나누면 해결해야 할 문제들이 무엇인지 더 명확해지며, 문제에 따라 분해하는 것만으로도 해결이 되는 경우도 있다. 또한 문제를 하나의 큰 문제로 보기보다는 작은 문제들로 나누어 보면 해결책이 나오게 된다.

분해는 일상생활에서도 많이 사용하는 문제해결 방법이다. 예를 들어 집안 대청소를 한다고 생각해보자. 집안 대청소 문제는 방청소, 거실청소, 부엌청소, 화장실청소, 세탁실에 밀린 빨래하기로 나눌 수 있다. 이러한 분해 과정은 반복적으로 적용하여 더 작은 문제로 나눌 수 있다. 이렇게 나누어진 문제들의 해결책들을 조합하여 크고 복잡한 문제를 해결하게 된다. 이렇게 분해는 분할과 결합의 두 가지 과정을 수행하게 된다. 분할은 복잡한 문제에서 작은 문제로 나눌 때, 문제의 원인들을 찾고 각 원인들을 해결할 수 있는 작은 문제들로 도출하는 것이고 도출된 작은 문제들의 답을 모아서 주어진 문제의 해결책을 만드는 것이 결합이다. 비행기, 자동차, 공장머신, 로봇 같은 기계나 노트북, 냉장고, TV 등 다양한 전자기기 제품을 제작할 때 설계도에 따라 작은 부품들이 먼저 만들어지고 부품들이 조립되어 완성품을 만들게 된다. 이러한 과정을 컴퓨터공학에서는 분할 정복 알고리즘(Divide and conquer algorithm)이라고 한다.

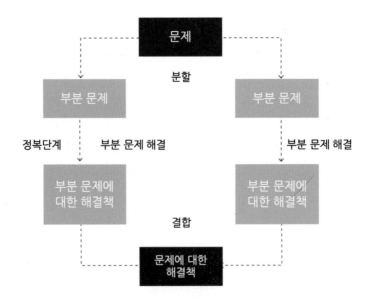

분해를 통해 나눠진 작은 문제들을 해결할 때, 여러 개의 문제를 동시에 수행하여 해결할 수 있다. 여러 개의 문제를 동시에 처리한다면 문제는 더 빨리 해결할 수 있다. 컴퓨터에서 여러 개의 코어로 구성된 CPU를 이용하여 여러 개의 작업을 각각의 코어에서 동시에 수행하여 더 빠르게 처리하는 과정을 병렬 처리(Parallel processing)라고 한다. CPU뿐 아니라, 그래픽카드에서 영상의 픽셀을 위한 그래픽 연산을 빠르게 처리하는데, GPU(Graphics Processing Unit)을 이용하여 수천 가지의 연산을 병렬처리로 수행한다. 또한 Google의 검색은 데이터를 여러 개의 컴퓨터에 분할하여 저장하고 컴퓨터들간의 병렬처리로 인해 검색 결과를 도출해 준다.

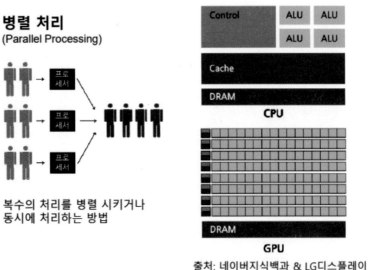

출처: 네이버지식백과 & LG디스플레이

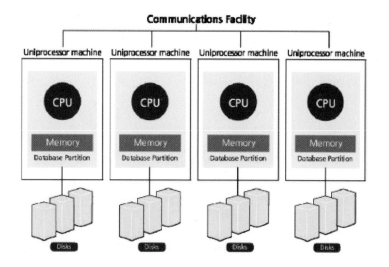

컴퓨터공학에서 뿐 아니라, 병렬 처리는 일상생활에서도 자주 사용되는 방법이다. 예를 들어 교실청소를 할 때, 분단별로 나누어서 바닥 쓸기, 바닥 닦기, 창문 닦기, 칠판 지우기, 책걸상 옮기기 등을 동시에 진행한다. 또한, 조별과제를 조원들과 서로 나누어서 진행하는 일, 요리를 할 때, 야채 데치기, 고기 굽기, 국 끓이기 등을 여러 개의 화구를 이용하여 동시에 진행할 수 있다.

예시1.

여행 계획 작성하기

예시2.

날씨 처리 프로그램은 여러 개의 기능으로 구성

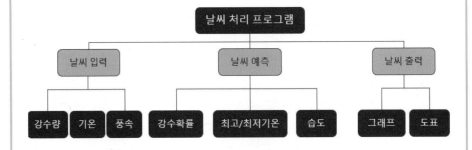

예시3.

조립 컴퓨터 구매 비용 계산

CPU

₩72,000 x 1

메모리

₩36,000 x 1

(단위: 원)

분류	가격	수량	합계
CPU	72,000	1	72,000
메인보드	67,000	1	67,000
메모리	36,000	4	144,000
하드디스크	50,000	2	100,000
			383,000

하드디스크

₩50,000 x 1

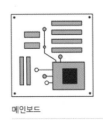

메인보드

₩67,000 x 1

패턴 인식

패턴(Pattern)은 일정한 형태나 유형, 모형 등이 반복되는 것이다. 해는 동쪽에서 뜨고 서쪽으로 진다. 비는 하늘에서 땅으로 내리고, 물은 위에서 아래로 흐른다. 달은 초승달, 상현달, 보름달, 하현달, 그믐달 모양을 순환한다. 옷, 벽지, 벽화에는 줄무늬, 체크무늬 등의 다양한 디자인 패턴이 있다. 이와 같이 우리 주변의 다양한 패턴들을 인식하는 것처럼 문제에서 공통적으로 가지고 있는 유사성(similarities)이나 특성(characteristics)을 찾아낸다면 효과적으로 문제를 발견하고 정확히 분석해낼 수 있다. 컴퓨팅 사고에서 패턴 인식은 문제 속에서 공통적으로 가지고 있는 유사성(similarities)이나 특성(characteristics), 불편이나 비효율성을 초래하는 데이터나 활동의 패턴을 찾아내는 것이다. 패턴은 개별적인 문제 내에 존재할 수 있고 크고 복잡한 문제를 분해하는 과정에서 만들어진 서로 다른 작은 문제들 사이에서도 유사성과 특징이 존재할 수 있기에 다양한 관점으로 살펴보아야 한다.

패턴 인식은 일상생활에서도 많이 사용된다. 바흐의 평균율과 같이 음악은 리듬과 음율이 규칙적으로 반복되어 만들어지며, 인터넷에서 사용하는 대부분의 사이트에서 회원가입을 위한 메뉴는 우측상단에 위치되어 있다. 컴퓨터를 이용하여 문제를 해결하는 경우, 입력으로 주어질 수 있는 데이터의 패턴을 분석하고 이해하여 데이터에 따라 수행해야 할 계산 활동 속에서 유사하거나 반복적인 패턴을 인식함으로써 쉽게 문제해결책을 찾을 수도 있다. 예를 들면, 뉴스에서 듣는 일기예보는 슈퍼컴퓨터를 이용하여 과거 날씨 데이터에서 현재의 강수량, 온도 등이 같은 경우의 누적된 패턴들을 인식하여 날씨를 예측한다. 또한 주식의 경우에도 주식 종목의 주가 데이터 패턴을 컴퓨터로 분석하여 주식 시장을 예측한다.

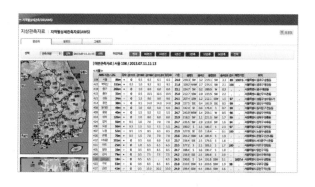

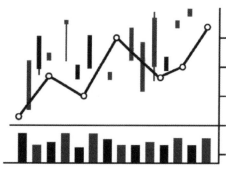

복잡한 문제를 효율적으로 나눈 문제들 사이의 유사성이나 패턴을 탐색하는 패턴 인식의 단계는 다음과 같다.

1. 문제 내의 개별적인 요소를 식별
2. 문제 내에서 공통적인 요소나 기능 식별
3. 문제 사이에 발생하는 공통적인 차이 식별
4. 식별된 패턴을 해석하고 기술
5. 확인된 패턴을 기반으로 예측 및 문제해결

예를 들어 찌개를 만드는 방법을, 김치찌개와 된장찌개로 나누어서 생각해보면 쉽게 이해할 수 있다.

찌개 만들기		
	김치찌개	**된장찌개**
1. 문제 내의 개별적인 요소를 식별	❶ 멸치, 다시마와 물을 냄비에 넣고 끓여 육수를 만든다. ❷ 양파, 고추, 두부, 김치를 썰어서 준비한다. ❸ 육수에 준비된 재료를 넣고 끓인다. ❹ 육수의 간에 따라 소금, 간장, 고춧가루, 설탕 등을 넣어 간을 맞춘다.	❶ 멸치, 다시마와 물을 냄비에 넣고 끓여 육수를 만든다. ❷ 고추, 두부, 호박, 감자, 양파, 버섯을 썰어서 준비한다. ❸ 육수에 된장을 풀고 준비된 재료를 넣고 끓인다.
2. 문제 내에서 공통적인 요소나 기능 식별	찌개를 만들기 위해서는 육수를 준비해야 한다 찌개에 들어갈 재료는 썰어서 준비해야 한다. 육수에 재료를 넣고 끓이는 과정이 들어간다.	
3. 문제 사이에 발생하는 공통적인 차이 식별	메인 재료가 김치	메인 재료가 된장
4. 식별된 패턴을 해석하고 기술	찌개의 종류에 따른 메인 재료가 다르지만 요리법은 동일한 과정으로 진행된다.	
5. 확인된 패턴을 기반으로 예측 및 문제해결	메인 재료와 물의 양의 따라 다양한 찌개와 국요리를 만들 수 있음	

위의 예시와 같이 분할된 문제에서 인식된 패턴들은 유사한 문제에 해결책으로 사용되며 많은 패턴을 찾을수록 문제해결의 속도를 높일 수 있다. 또한 패턴 인식을 통해 복잡한 문제를 단순하게 만들 수 있게 된다. 패턴 인식을 통해 발견된 패턴은 컴퓨팅 사고 실행 단계인 코딩 과정에서 반복 구조로 사용되거나 함수로 작성되어 필요할 때마다 호출하여 사용할 수 있다.

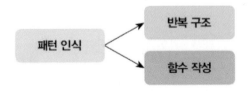

예시1.

유전자 패턴을 파악하여 유전병 검사

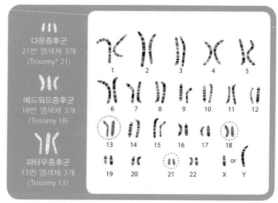

* Trisomy(삼염색체): 정상인 보다 특정 염색체가 1개가 더 많아 3개가 되는 경우

예시2.

Google 검색(Web Search)사용자의 오타 교정 방법

488941	britney spears	29	britent spears	9	brinttany spears	5	brney spears
40134	brinttany spears	29	brittnarny spears	9	britanay spears	5	broitney spears
36315	brinttney spears	29	britttany spears	9	britinany spears	5	brotny spears
24342	britany spears	29	briney spears	9	britn spears	5	bruteny spears
7331	britny spears	26	brrttney spears	9	britnew spears	5	btiyney spears
6633	briteny spears	26	breitney spears	9	britneyn spears	5	btrittney spears
2696	britteny spears	26	brinity spears	9	britrney spears	5	gritney spears
1807	briney spears	26	britenay spears	9	brtiny spears	5	spritney spears
1635	brittny spears	26	britneyt spears	9	brtittney spears	5	bittny spears

➡ [Britney Spears]을 검색하기 위해서 입력된 검색어의 빈도 패턴을 분석하여 가장 정확한 철자가 무엇인지 판단

예시3.

전염병의 원인 탐색

콜레라가 발병한 시기와 장소 사이의 패턴을 조사

➡ 다수의 사망자가 템즈강의 물을 여과없이 공급한 수도 펌프와 가까운 거리에서 발생했음을 파악

패턴으로부터 도출한 문제해결 방안

➡ 콜레라를 예방하기 위해서는 템즈강의 물을 여과없이 마셔서는 안됨

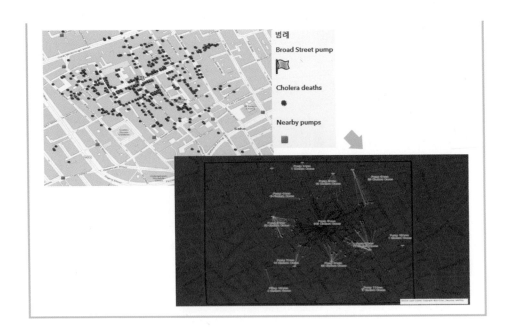

추상화

추상화는 불필요한 세부사항을 숨기거나 생략하여 복잡성을 줄여 단순화시키는 기술이다. 예를 들어 우리가 사용하는 컴퓨터, 스마트폰, 냉장고, 사전, TV, 버스, 농구, 배드민턴 등의 일반명사들은 추상화의 결과이다. 스마트폰이라는 단어는 삼성이 제조한 폰, 애플이 제조한 폰, 액정화면 크기가 큰 것, 작은 것, 접히는 것 등 지칭할 수 있는 대상이 무수히 많다. 일상 속에서 모양, 크기, 작동원리, 카메라의 위치 등이 서로 다른 스마트폰들 모두를 스마트폰이라는 한 단어로 칭하고 있는 것이다. 이는 스마트폰이라는 단어가 소프트웨어의 호환성이 높고, 전화가 가능한 휴대전화와 컴퓨팅 기능을 하나로 통합한 모바일 장치로 추상화되어 있기 때문이다. 컴퓨팅 사고에서 추상화는 패턴 인식의 결과에서 필요하지 않은 특성들을 제거하여 문제해결에 필요한 핵심요소를 파악하여 문제를 단순화시키고 명확하게 한다.

추상화는 일상생활이나 컴퓨터 공학에서도 많이 사용되고 있다. 일상생활에서 많이 사용되는 지도는 사용목적에 따라 다양한 종류로 나누어진다. 지하철을 타고 목적지에 가기 위해서는 지하철 노선만 나와 있는 지하철 노선도가 필요하다. 지하철

역을 나타낼 때, 건물이나 도로, 지형 등의 정보는 불필요하기 때문에 지하철 노선도에서 제거되어 있다. 하지만 자동차를 타고 목적지에 간다면, 건물이나 도로, 지형 등의 정보가 필요하고 지하철 노선의 표시는 불필요한 정보이기 때문에 제거되거나 간단히 표시된다.

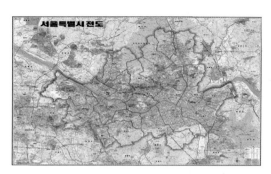 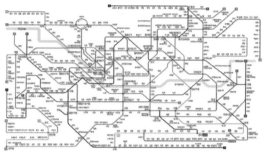

도로 위의 표지판 또한 운전자에게 세부사항을 다 알려주는 것이 아니라 양보, 서행, 진입금지 등의 핵심적으로 알려주어야 할 부분만을 강조해서 나타낸다.

추상화는 패턴 인식을 주요도구로 사용하여 일반적인 특징을 수집한 후에 특징 중에서 문제해결에 필요하지 않는 것을 제외한다. 예를 들어 라면 끓이는 방법에서 양은 냄비을 사용해야 하는지, 유리 냄비를 사용해야 하는지, 후라이팬을 사용해야 하는지, 물은 얼마나 넣어야 하는지, 주어진 스프 이외의 재료를 넣을 것인지 등등 여러 가지 종류의 라면에 따라 다양한 패턴이 있다. 이러한 것들 중에 라면을 끓이기 위한 세부 사항을 제거하고 일반적인 사항만을 남긴다면, 라면을 끓이기 위해서는 냄비가 필요하며, 면을 삶기 위한 물이 필요하다. 또한 라면과 스프들을 넣어서 끓이는 과정이 필요하다로 추상화가 될 수 있다. 이러한 추상화도 관점에 따라 서로 다르게 추상화가 될 수 있다. 예를 들어 커피 자판기 사용법에 대해서 사용자의 입장과 관리자의 입장에서 추상화 결과는 다르게 나타난다. 사용자 입장에서는 커피 자판기에서 커피가 나오게 하는 방법만을 추상화하면 되지만, 관리자의 입장에서는 커피 자판기를 관리하기 위해 내부 구조도와 동작 방식까지도 추상화해야 한다.

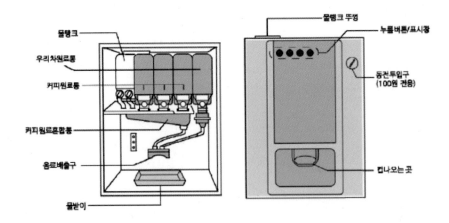

여러 가지 사실로부터 공통된 특징을 추출하여 일반적인 법칙을 만들 수 있는데 이 것을 일반화라고 한다. 예를들어 모니터와 프린터는 컴퓨터에 무엇인가를 출력할 때 사용되는 많은 특성을 공유하고 있다. 따라서 이것들을 일반적으로 출력 장치로 묶을 수 있다. 문제가 일반화되면 동일한 해결책을 사용하여 유사한 문제들을 해결 할 수 있다. 예로 라면 끓이기 방법을 일반화하여 찌개 끓이기 문제나 국 끓이기 문 제를 해결하는데 사용할 수 있다. 추상화를 통해 문제를 명확하게 만들면 이것을 이용하여 알고리즘을 설계할 수 있다.

추상화의 예시

예시1.

화학에서 사용하는 주기율표

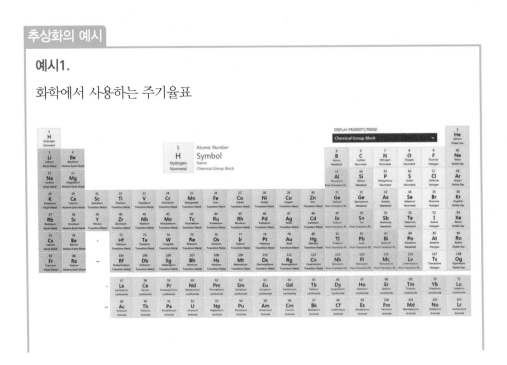

예시2.

프로그램 코드 → 애플리케이션

예시3.

고양이 캐리커쳐

필요 없는 특징 제거

➡ 고양이의 울음 소리 특징은 고양이 묘사에 필요 없는 특징으로 제거

핵심적 특징 추출

➡ 얼굴 형태, 다리 개수, 눈, 귀, 꼬리, 털 등의 특성을 찾아내기

같은 원리를 다른 경우에 적용

➡ 일반화를 통하여 다른 동물들을 그리는데 적용 (개, 호랑이, 코끼리 등)

알고리즘

알고리즘이란 어떤 일을 처리 과정의 순서를 뜻한다. 라면 조리 방법, 공부법, 오늘의 할 일, 요리법, 찌든 때 세척법, 제품 사용법, 학 또는 거북이를 종이로 접는 방법, 보드게임 규칙, 약속장소에 가장 빨리 도착할 수 있는 방법 등이 일상생활에서의 알고리즘이다.

컴퓨팅 사고에서 알고리즘은 분해, 패턴 인식, 추상화 과정을 통해 명확해진 문제를 해결하기 위해 컴퓨터가 수행해야 하는 계산 방법이나 절차를 규정한다. 따라서 알고리즘은 특정한 일을 수행하는 명령어들의 집합이며 컴퓨팅 사고 실행 단계인 코딩 과정에서 프로그래밍 언어로 구현하면 컴퓨터 프로그램이 된다.

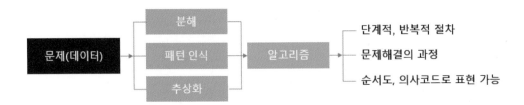

모든 명령어들이 알고리즘이 되는 것은 아니다. 순차성, 명확성, 유효성, 유한성, 효율성의 조건을 만족하는 집합만이 알고리즘으로 정의된다. 요리를 할 때 순서가 잘못되면 제대로 된 음식을 만들 수 없듯이 알고리즘은 올바른 순서대로 진행되어야 하는 순차성을 만족해야 한다. 또한 명령어들은 의미가 모호하지 않고 명확해야 하며 각 명령어들은 실행이 가능한 유효한 연산이어야 한다. 그리고 알고리즘은 한정된 수의 명령어가 실행된 후에는 반드시 종료가 되어야 하며 문제를 해결하는 다양한 방법들 중에 연산 횟수가 적고 데이터 저장 및 처리에 사용되는 메모리의 공간이 적은 효율성이 높아야 한다.

순차성	알고리즘은 올바른 순서대로 진행되어야 문제가 해결됨
명확성	각 명령어의 의미는 모호하지 않고 명확해야 함
유효성	각 명령어들은 실행 가능한 연산이어야함
유한성	한정된 수의 명령어가 실행된 후에는 반드시 종료되어야 함
효율성	여러가지 방법 중에서 가장 효율적인 방법으로 문제를 해결해야 함

컴퓨터를 이용하여 문제를 해결하려면 문제해결 절차를 단계별로 컴퓨터에게 알려주는 알고리즘을 작성해야 한다. 알고리즘을 기술하는 방법으로는 자연어, 순서도 (flowchart), 의사코드(pseudo-code) 방법이 있다.

자연어 방법은 문제해결 절차를 단계별로 자연스럽게 말로써 기술하는 방법이다. 친구에게 전화를 거는 알고리즘을 자연어 방법으로 나타내면 다음과 같다.

step 1. 스마트폰을 집어서 화면 잠금을 해제한다.

step 2. 연락처에서 친구의 전화번호를 검색한 뒤 통화 버튼을 누른다.

step 3. 통화 중이면 끊고 5분 기다렸다가 Step 2로 간다.

step 4. 전화를 받지 않으면 문자 메시지를 남긴 후 종료한다.

step 5. 전화를 받으면 통화를 한다.

step 6. 통화가 끝나면 종료한다.

두 번째로 순서도 방법은 알고리즘을 표준화된 기호 및 도형과 화살표를 이용하여 도식화하는 방법이다. 알고리즘은 순서도를 통해 데이터의 흐름과 수행되는 절차들을 표현할 수 있다. 화살표는 진행 방향을 표시하며 타원형은 시작과 끝을 나타낸다. 직사각형은 처리를 표시하며 마름모는 판단을 표시하고 평행사변형은 입출력 처리를 나타낸다. 이 밖에도 더 많은 기호를 사용해서 알고리즘을 나타낸다.

기호	의미
⟶	화살표는 알고리즘이 진행하는 방향을 나타냄
⬭	수행의 시작(start), 종료(end)
▬	처리(process)를 나타냄. 예) 변수 x에 1을 더하는 연산
◆	판단(decision)을 나타냄. yes/no문이나 true/false 검사가 여기에 해당되며, 일반적으로 이 도형에서 나가는 2개의 화살표가 있음.
▱	입력(input)이나 출력(output)을 나타냄. 예) 사용자로부터 정수를 받아서 변수 x에 저장하는 연산

알고리즘을 이용하여 문제해결 과정을 작성하기 위해서는 3가지 유형의 기본 제어
구조를 조합함으로써 다양한 수행 순서를 표현할 수 있다.

순차구조 (Sequence)	명령어들이 순차적으로 실행되는 구조
선택구조 (Selection)	특정 그룹의 명령어들을 수행할지 말지 다수의 명령어 그룹 중 어느 그룹의 명령어를 선택하여 수행할지 등을 제시된 조건을 체크하여 실행되는 구조
반복구조 (Iteration)	주어진 조건이 성립되는 동안 동일한 명령어가 반복되면서 실행되는 구조

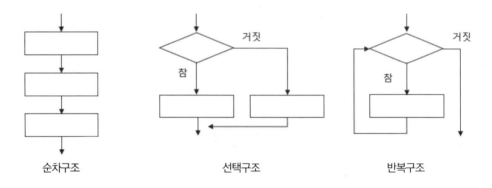

순차구조   선택구조   반복구조

순서도는 데이터의 흐름을 보여주기에는 좋지만, 알고리즘이 복잡한 경우에는 기
술하기가 힘들어지고 한 번 작성된 순서도는 변경하기가 쉽지 않은 단점을 가지고
있다.

마지막으로 의사코드는 프로그래밍 언어 코드를 흉내내어 자유롭게 알고리즘을 기
술하는 방법으로 자연어보다는 더 체계적이고 프로그래밍 언어보다는 덜 엄격한
기술 방법으로 알고리즘의 표현에 주로 사용된다. 의사코드의 의사는 유사하다는
뜻을 가지고 있어 유사코드라고도 하는데, 이름의 의미처럼 프로그래밍 언어와 상
당히 유사하지만 프로그래밍 언어의 문법을 사용하지는 않고 간단한 명령어 집합
만을 가지고 표현한다. 의사코드의 장점은 프로그래밍 언어보다 이해하기 쉽고 알
고리즘의 핵심적인 부분을 프로그래밍 언어별로 기술할 수 있지만, 대략의 프로그
래밍을 알아야 사용할 수 있다는 단점이 있다. 예를 들어 3의 배수에서 Fizz를 출력
하고 5의 배수에서 Buzz를 출력하는 Fizz-Buzz 게임을 포트란, 파스칼, C 언어 스
타일의 의사코드로 나타내면 다음과 같다.

포트란 스타일 의사코드	파스칼 스타일 의사코드	C 스타일 의사코드

```
program fizzbuzz
Do i = 1 to 100
    set print_number to true
    If i is divisible by 3
      print "Fizz"
      set print_number to
false
    If i is divisible by 5
      print "Buzz"
      set print_number to
false
    If print_number, print i
    print a newline
end do
```

```
procedure fizzbuzz
For i := 1 to 100 do
    set print_number to true;
    If i is divisible by 3
then
      print "Fizz";
      set print_number to
false;
    If i is divisible by 5
then
      print "Buzz";
      set print_number to
false;
    If print_number, print i;
    print a new line;
end
```

```
void function fizzbuzz
For (i=1; i<=100; i++) {
    set print_number to true;
    If i is divisible by 3
      print "Fizz";
      set print_number to
false;
    If i is divisible by 5
      print "Buzz";
      set print_number to
false;
    If print_number, print i;
    print a newline;
}
```

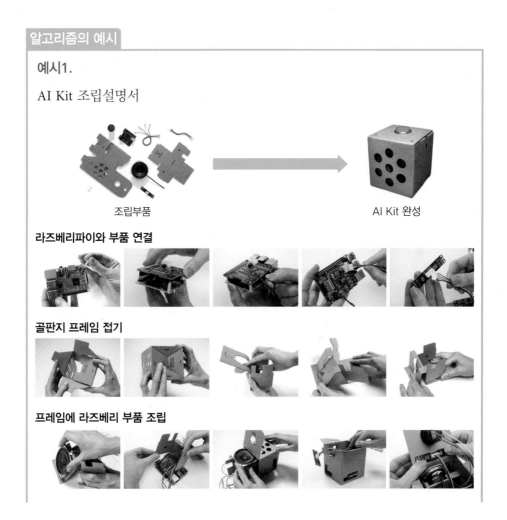

알고리즘의 예시

예시1.

AI Kit 조립설명서

조립부품 → AI Kit 완성

라즈베리파이와 부품 연결

골판지 프레임 접기

프레임에 라즈베리 부품 조립

예시2.

순서도 예시

기차 예매 순서도 / 집에서 학교까지 가는 순서도

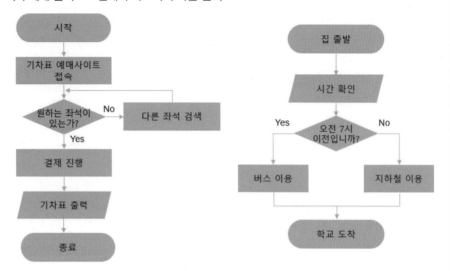

예시3.

의사코드 예시

학생 10명의 성적을 입력받아 평균을 계산하는 알고리즘

```
total ← 0
counter ← 1
while counter <= 10
    input grade
    total ← grade + tatal
    counter ← counter + 1
average ← total / 10
print average
```

평가

평가 단계에서는 컴퓨팅 사고 실행 단계에 들어가기 전에 기술된 알고리즘이 코딩 (자동화)이 될 수 있는지 평가하는 단계이다. 평가 단계에서는 주어진 문제에 대한 적절한 해답이 나오는 알고리즘인지, 절차상의 오류나 알고리즘이 갖추어야 할 조건들은 만족했는지를 확인하게 된다.

평가 단계에서는 다음과 같은 사항을 확인한다.

- 알고리즘이 갖춰야 할 조건들은 만족하였는가?
- 알고리즘은 쉽게 이해할 수 있는가?
- 문제의 모든 면을 해결하였는가?
- 가능한 자원을 최대한 활용하여 문제를 해결하였는가?
- 최소한의 메모리만 사용하는가?
- 입력에 따라 예상되는 결과가 명확한가?

실습문제

1. 각 주제에 대해 컴퓨팅 사고를 이용한 문제해결 방법으로 해결해보자.

   - 각 주제에 따른 문제인식 및 문제 정의를 하고 분해, 패턴 인식, 추상화, 알고리즘 및 평가를 수행하시오.
   - 알고리즘은 순서도 및 의사코드 형식으로 작성하시오.

   주제 학점 계산기, 방탈출, 노래방, 아이디 생성 프로그램, 물건 정리, 몽타주 그리기

수업시간	요일	교시	YHX1001 -	조
팀 구성	학번	이름	역할	점수(0~5)
주제				
문제인식				
문제정의				
분해				
패턴 인식				
추상화				
알고리즘 (순서도)				
알고리즘 (의사코드)				
평가				

1. 알고리즘의 조건 5가지를 쓰시오

2. 순서도의 단점 2가지를 쓰시오

3. 병렬처리란 무엇인지 쓰시오.

4. 패턴 인식이란 무엇인지 쓰시오.

5. 다음을 나타내는 것은 무엇인지 쓰시오.
   - 문제를 쉽게 해결하기 위하여 불필요한 세부사항을 제거하는 기법
   - 복잡한 시스템의 구체적인 예로부터 공통적인 특성을 추려내서 일반적인 개념을 형성하는 과정
   - 일반화(generalization)라고도 함

6. 다음은 네모네모 로직의 규칙을 통한 이미지 압축 코드이다. 가로세로의 숫자는 퍼즐판에 색칠을 해야하는 칸의 수를 나타낸다. 규칙을 이용하여 압축된 이미지를 그리시오.

	3 1	2 2 1	2 2 1	2 2 1	1 2	1 2	2 2 1	2 2 1	2 2 1	3 1
1 1										
3 3										
2 4 2										
1 1										
2 2										
2 2										
2 2										
4										
1 1 2 1 1										
1 1 1 1										

7. 학교 홈페이지에 로그인하는 알고리즘을 순서도로 작성하시오.

8. 자연어보다는 더 체계적이고 프로그래밍 언어보다는 덜 엄격한 언어로서 알고리즘의 표현에 주로 사용되는 코드는 무엇인가?

9. 겨울방학을 어떻게 보낼 것인가?에 대한 문제를 문제인식과 컴퓨팅 사고 단계(총 5단계)로 나누어서 해결하시오.

컴퓨팅 사고의 자동화

[학습목표]

▶ 컴퓨팅 사고의 자동화 단계 이해
▶ 파이썬 설치와 실행을 통해, 간단한 프로그램 작성하기
▶ 주석을 사용하는 이유와 사용법 이해

자동화 5.1

파이썬 소개 5.2

파이썬 설치와 실행 5.3

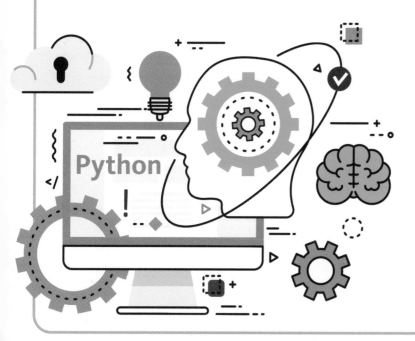

이 장에서는 컴퓨팅 사고의 4가지 핵심요소를 통해 수립한 문제해결 절차를 컴퓨터가 실행할 수 있도록 하는 자동화 단계를 이해한다. 이를 위한 프로그래밍 언어인 파이썬에 대해 간단히 소개하고 그 특징을 알아본다. 또한, 파이썬을 설치하고 실행하는 방법을 학습하고 간단한 프로그램을 작성해본다.

5.1 | 자동화

자동화 단계는 컴퓨팅 사고의 4가지 핵심요소인 분해, 패턴 인식, 추상화, 알고리즘을 거쳐 수립한 문제해결 절차를 컴퓨터가 수행할 수 있는 형태로 해결책을 나타내고 수행시키는 단계이다. 즉, 컴퓨터가 실행할 수 있는 언어로 코딩하고, 코딩된 프로그램을 실행한다. 이 단계에서 완성된 프로그램은 제시된 문제를 컴퓨터를 통해 해결하게 된다.

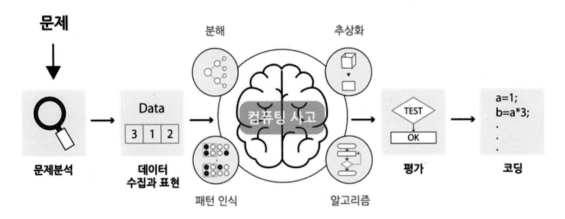

자동화의 예시를 하나 들어보자. 기상청 홈페이지에서 관심도시의 기온, 습도 정보와 변화 추이를 확인하는 문제가 있다고 하자. 자동화가 되어있지 않은 경우에는 관심도시별로 매번 기상청 홈페이지에 접속하여 날씨 정보를 가져와서 가져온 정보를 그래프로 시각화하여 확인해야 한다. 하지만, 해당 문제를 자동화 한다면 다음과 같은 역할을 수행하는 프로그램을 작성하면 된다.

1. 기상청 홈페이지에 접속함
2. 날씨 정보 웹페이지를 읽어옴
3. 날씨 정보 표에서 도시별로 기온, 습도 정보를 추출함
4. 관심도시별로 정리한 정보를 그래프로 시각화함

위와 같은 자동화 과정을 거치게 되면 다음과 같은 프로그램을 통해 그래프 결과물을 컴퓨터가 자동으로 얻어낼 수 있다.

현재날씨

기상실황표 2020.02.19.19:00

| 지점 | 현재일기 | 날씨 | | | 기온(℃) | | | 강수 | | 습도 % | 바람 | | 기압(hPa) |
		시정 km	운량 1/10	중하운량	현재 기온	이슬점 온도	체감 온도	일강수 mm	적설 cm		풍향	풍속 km/h	해면 기압
강릉		20 이상			5.7	-3.9	4.7			50	남남동	5.4	1028.3
강진군		20 이상			7.6	0.5	5.8			61	북서	9.7	1029.5
강화		7.8			0.3	-2.9	0.3			79	정온	0.0	1029.8
거제		20 이상			7.9	-1.9	6.9			50	남남서	6.5	1028.9
거창		20 이상			6.1	-2.0	5.0			56	북서	6.1	1027.6
경주시		9.6			5.9	-4.0	5.1			49	남남동	5.0	1029.0
고산		20 이상			8.0	0.6	5.5			60	북동	14.8	1028.7
고창		18.2			5.2	2.3	5.2			82	동북동	3.2	1029.9
고창군		20 이상			4.5	0.4	4.5			75	남동	1.8	1029.1
고흥		19.9			5.3	-0.5	5.3			66	정온	0.4	1028.3
광양시		7.6			7.6	-4.5	6.9			42	남서	5.4	1028.1
광주		20 이상			7.0	1.0	7.0			66	북북서	3.2	1029.3
구미		20 이상			6.8	-3.4	6.8			48	서	4.0	1029.1

기상청 홈페이지의 날씨 정보

자동화 프로그램(일부)

```
...
response = requests.get('http://...')
soup = BeautifulSoup(response.content, 'html.parser')

table = soup.find('table', { 'class': 'table_develop3' })
date = [ ]
for tr in table.find_all('tr'):
    tds = list(tr.find_all('td'))
    for td in tds:
        if td.find('a'):
        point = td.find('a').text
        temperature = tds[5].text
        humidity = tds[9].text
        data.append([point, temperature, humidity])
...
df = pd.read_csv('weather.csv', index_col='point',
encoding='euc-kr')

City_df = df.loc[['서울', '인천', '대전', '대구', '광주',
'부산', '울산']]

ax = city_df.plot(kind='bar', title='날씨', figsize=(12,4),
legend=fontsize=12)
```

프로그램 수행 결과 그래프

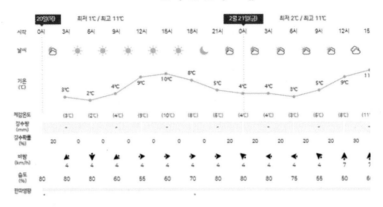

5.2 | 파이썬 소개

프로그래밍 언어

컴퓨터에서 작동하는 소프트웨어를 만들기 위해서는 컴퓨터와 소통할 수 있는 프로그래밍 언어를 사용해야 한다. 이러한 프로그래밍 언어를 사용하여 소프트웨어나 앱을 만드는 사람을 프로그래머라고 부른다. 흔히 프로그램을 작성하는 일을 코딩이라고 표현한다. 사람과 사람 사이에 사용하는 언어로 한국어, 영어, 일본어, 중국어 등 매우 다양한 언어가 존재하듯이 컴퓨터와 소통하기 위한 프로그래밍 언어도 Python, C, C++, C#, Java, HTML 등 다양한 언어가 존재한다.

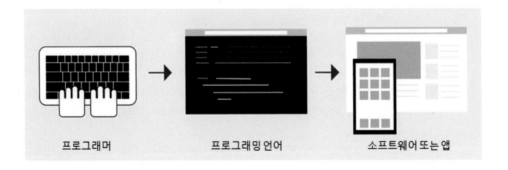

프로그래머   프로그래밍 언어   소프트웨어 또는 앱

파이썬 언어

파이썬은 최근 가장 많은 인기를 얻고 있는 프로그래밍 언어로 네덜란드의 귀도 반 로섬(Guido van Rossum)이 1991년에 개발한 대화형 프로그래밍 언어이다. 파이썬이라는 이름은 귀도가 즐겨 보던 영국 BBC 방송의 코미디 "Monty Python's

Flying Circus"에서 따왔다고 한다. 최근 파이썬이 전 세계적으로 각광을 받는 이유는 무엇일까? 가장 큰 이유는 파이썬은 쉽다라는 점을 들 수 있다.

파이썬의 대표적인 특징을 요약하면 다음과 같다.

- **파이썬은 비교적 배우기 쉬운 언어이다.**

  파이썬은 문법이 비교적 쉽고 간결하며 사람의 사고 체계와 비슷한 형태를 가지고 있어 빠르게 학습할 수 있다. 다른 프로그래밍 언어를 다뤄본 경험이 있다면 파이썬의 자료형, 함수, 클래스, 내장 함수 등을 빠르게 익힐 수 있을 것이다.

- **파이썬은 인터프리터 언어이다.**

  파이썬은 마치 대화하듯이 명령어를 한 줄씩 실행하며 결과를 바로 확인할 수 있는 인터프리터 방식의 언어이다. C 또는 Java 등과 같이 전체 소스코드를 기계어로 변환한 후 실행되는 컴파일러 방식과는 달리 전체 소스코드를 기계어로 변환하지 않고 한 줄씩 실행하므로 사용하기 쉽다.

- **파이썬은 다양한 플랫폼에서 사용 가능하며, 오픈소스로 제공된다.**

  Windows, Linux, macOS 등 다양한 운영체제에서 사용 가능하며, 별도 라이선스 없이 무료로 언제 어디서든 파이썬을 다운로드하여 설치한 후 사용할 수 있다.

- **파이썬은 실무에 유용한 다양하고 강력한 외부 라이브러리들이 풍부하다.**

  파이썬에서 제공하는 라이브러리뿐만 아니라 외부에서 제공하는 다양한 라이브러리들을 무료로 사용할 수 있다. 예를 들어, 통계나 선형대수 등 연산에 유용한 Numpy, 이미지 처리를 위한 Pillow, 게임 제작을 쉽게 할 수 있는 pygame, 그래프를 손쉽게 그리기에 유용한 Matplotlib, GUI 프로그래밍을 위한 tkinter, 머신러닝을 위한 Scikit-learn 등을 모두 무료로 이용할 수 있다.

이와 같은 장점으로 프로그래밍 언어를 처음 접하는 입문자나 초보자뿐만 아니라 웹 개발, 빅데이터, 인공지능 등 다양한 분야에서 이용되고 있으며, 풍부한 라이브러리를 활용하여 빠르게 개발할 수 있어 전문가들도 많이 사용하고 있다.

5.3 | 파이썬 설치와 실행

파이썬을 이용하여 프로그램을 작성하기 위해서는 우선 컴퓨터에 파이썬을 설치해야 한다. 파이썬은 Windows, Linux, macOS에서 모두 설치할 수 있으나 여기에서는 Windows에서의 설치방법을 알아본다. 다른 운영체제에서도 이와 유사한 방법으로 설치가 가능하다.

파이썬 설치

웹 브라우저에서 파이썬의 다운로드 사이트(http://www.python.org)에 접속하고 [Downloads] 메뉴에서 [Download Python 3.x.x]를 클릭해 설치 파일인 python-3.x.x.exe를 원하는 위치에 저장한다. 저장한 실행파일을 더블클릭하여 실행한다.

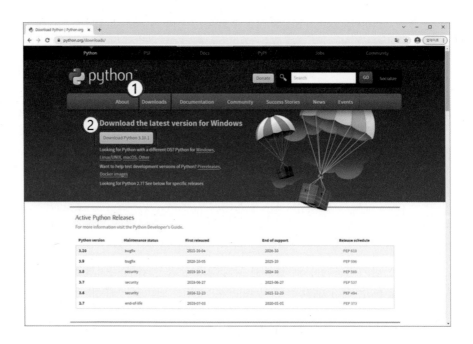

인기가 급상승하고 있는 파이썬은 계속해서 업그레이드되어 그 버전이 자주 바뀐다. 이 책에서는 "Python 3.10.1"버전을 사용하여 설명하고 있으나 3.x.x 이상의 버전은 모두 동일하게 가능하므로 3.x.x 버전을 설치하면 무리없이 사용할 수 있다. 단, 2.x.x 버전은 3.x.x 버전과 호환되지 않으며 2.x.x 버전은 2.7 버전을 마지막으로 더 이상 업데이트 서비스가 이루어지지 않으므로 3.x.x 버전을 사용하도록 한다.

설치화면이 나타나면 [Add Python 3.x to PATH] 항목을 체크하고 [Install Now]를 클릭한다. [Add Python 3.x to PATH] 항목을 체크하지 않더라도 기본적으로 파이썬 프로그램을 작성하고 수행하는 데 큰 문제는 없다. 그러나 명령 프롬프트에서 파이썬을 실행할 경우 어느 디렉터리에서나 실행이 가능하도록 경로 설정을 해주기 때문에 편리하게 이용할 수 있으므로 반드시 체크하도록 하자.

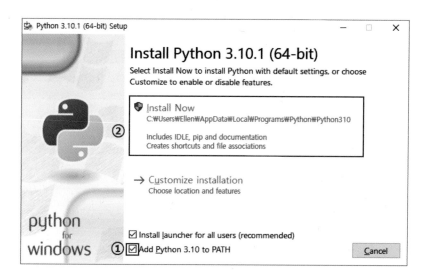

이후의 설치 과정에서 나타나는 모든 옵션들은 기본으로 설정하면 된다. 아래 그림과 같이 설치가 진행된다.

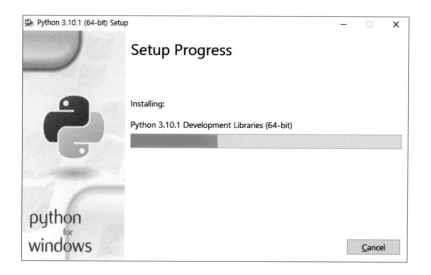

설치 종료 화면에서 [Close] 버튼을 클릭하여 창을 닫으면 파이썬 설치가 성공적으로 완료된다. 이제 파이썬 언어를 이용하여 프로그래밍을 할 모든 준비가 완료되었다.

파이썬 실행

파이썬을 성공적으로 설치하였으니 간단한 프로그램을 만들어서 파이썬이 잘 실행되는지 확인해보자. 파이썬에는 프로그램을 개발할 수 있는 IDLE(Integrated Development and Learning Environment)이라는 통합 개발 학습 환경이 포함되어 있다. 이외에도 별도로 설치하여 이용할 수 있는 Visual Studio Code, PyCharm, Jupyter 등과 같은 다양한 개발 환경이 있으나 이 책에서는 파이썬 프로그램을 작성하고 실행하는 데 기본적으로 제공되는 IDLE을 이용한다.

파이썬 셸(shell) 모드

IDLE을 실행하기 위해 윈도우의 시작 버튼을 누르고 [모든 프로그램] → [Python 3.x] → [IDLE (Python 3.x 64-bit)]를 클릭한다.

IDLE을 실행하면 다음 그림과 같은 창이 등장한다. 설치된 파이썬의 버전 및 간단한 관련 정보가 첫 줄에 출력되고 프롬프트라고 부르는 '>>>' 기호와 함께 커서가 깜박인다. 이 창을 파이썬 셸이라고 부른다. 파이썬 셸에서는 한 번에 하나의 명령이 실행되고 실행 결과가 셸 화면에 즉시 나타난다. 프롬프트 다음의 커서 위치에 명령어를 입력하고 키보드의 Enter를 누르면 명령이 실행되고 결과가 화면에 출력된다.

파이썬 셸에서 첫 번째 명령으로 "Hello World"를 출력해보자. 다음과 같은 문장을 프롬프트에 입력하고 키보드의 Enter를 눌러보자. 프롬프트 아래에 명령어가 실행 된 결과로 "Hello World"가 출력되는 것을 확인할 수 있다.

```
>>> print("Hello World")
Hello World
>>>
```

파이썬 셸 모드에서는 프롬프트에 입력된 명령어를 파이썬 인터프리터가 해석하고 실행하여 결과를 출력해주므로 대화형 인터프리터 또는 대화형 모드라고 부르기도 한다. 이와 같은 대화형 모드에서는 간단하고 짧은 코드의 경우 결과를 바로 확인 할 수 있어 간단한 프로그램을 테스트하는 데 유용하다는 장점이 있다. 하지만, 입 력한 프로그램은 저장이 불가능하므로 다시 수행할 수 없으며, 코드가 복잡해지면 한 문장씩 입력하는 것은 매우 번거롭다는 단점이 있다. 이런 경우 프로그램을 저 장하고 다시 불러와서 재사용할 수 있는 스크립트 모드를 사용하는 것이 효율적이 다. 스크립트 모드에서는 파일을 만들고 이 파일 안에 우리가 작성하는 프로그램 코드를 저장하므로 프로그램을 수정하거나 재사용하기에 용이하다. 스크립트 모드 를 실행하여 프로그램 파일을 작성하는 방법에 대해서 알아보자.

스크립트 모드

파이썬 명령어로 구성된 프로그램을 파이썬 스크립트(script)라고 하며 이를 저장 한 파일을 파이썬 스크립트 파일이라고 한다. 명령어를 작성한 후 저장하는 파일의 확장자는 '.py'로 IDLE에서 제공하는 편집기 또는 다른 편집기를 사용하여 작성할 수 있다. 파이썬 스크립트 파일은 셸 모드에서 작성한 프로그램과 달리 수정과 반 복 실행이 가능하고, 실행할 때는 파일을 읽어서 처음부터 파일의 끝까지 모든 코 드를 실행하게 된다. 간단한 프로그램을 스크립트 모드로 작성해보자.

IDLE의 [FILE] → [New File]을 클릭하면 메모장과 같은 편집기가 생성된다. 이 편집기에 우리가 원하는 프로그램을 작성한다.

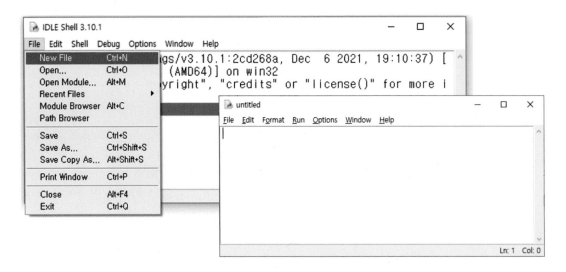

편집기에 다음과 같이 파이썬 명령어를 입력한다. 파이썬 셸과는 다르게 명령어를 작성하고 키보드의 Enter를 누르더라도 바로 실행이 되지 않고, 다음 명령어를 작성할 수 있도록 다음 줄로 넘어가게 된다.

```
print("Hello World")
print("안녕하세요")
```

작성한 프로그램을 저장하고 싶다면 편집기의 [File] → [Save]를 클릭하고 원하는 폴더에 원하는 파일명으로 저장하면 된다. 파일 이름을 입력하면 자동으로 '.py' 확장자로 저장된다.

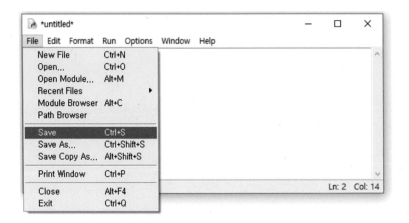

작성한 프로그램의 실행을 위해 편집기의 [Run] → [Run Module]을 클릭하거나 기능키 [F5]를 누르면 된다. 이때 실행 결과는 스크립트 창이 아니라 파이썬 셸에 표시된다.

```
IDLE Shell 3.10.1                                                              —  □  ×
File  Edit  Shell  Debug  Options  Window  Help
   Python 3.10.1 (tags/v3.10.1:2cd268a, Dec  6 2021, 19:10:37) [MSC v.1929 64 bit (AMD64)] on win32
   Type "help", "copyright", "credits" or "license()" for more information.
>>>
   = RESTART: C:/Users/Ellen/AppData/Local/Programs/Python/Python310/HelloTest.py
   Hello World
   안녕하세요
>>>

                                                                          Ln: 7  Col: 0
```

이렇게 스크립트 모드로 작성한 파일은 언제든지 저장한 파일을 열어서 수정하거나 다시 실행할 수 있다. 저장했던 파일을 다시 읽어오기 위해서는 편집기의 [File] → [Open]을 클릭하고 저장한 폴더에서 원하는 파일을 선택하면 된다. 이렇게 파일에 프로그램 코드를 저장하고 불러서 실행하는 방식이 더 일반적으로 이용되는 프로그래밍 방식이다.

IDLE을 종료하기 위해서는 파이썬 셸의 [File] → [Exit]를 클릭하거나 단축키 Ctrl+Q를 누르면 된다.

문법 오류

모든 프로그래밍 언어는 명령어를 작성하기 위한 규칙인 문법을 가지고 있다. 프로그램을 작성할 때에 이 문법을 지켜야지만 프로그램이 원하는 대로 정상적인 동작을 하게 된다. 만약 규칙에 어긋나는 문법을 사용하거나 오타가 있을 경우 프로그램이 중지되고 빨간색의 에러 메시지가 표시되며 메시지를 참고하여 수정한 후 다시 실행해야 한다.

다음과 같이 파이썬의 문법을 지키지 않은 명령어를 실행하면 'SyntaxError: invalid syntax'라는 문법 오류 메시지를 출력한다. 첫 번째 문장은 문자열을 출력하기 위해서는 문자열의 시작과 끝을 따옴표로 감싸줘야 하는 규칙을 어긴 경우이다. 두 번째 문장은 덧셈을 실행하는 더하기(+) 연산자의 경우 연산자 왼쪽과 오른쪽에 피연산자가 필요한데, 오른쪽에 피연산자가 없으므로 문법을 어긴 경우이다.

```
IDLE Shell 3.10.1                                                              —  □  ×
File  Edit  Shell  Debug  Options  Window  Help
   Python 3.10.1 (tags/v3.10.1:2cd268a, Dec  6 2021, 19:10:37) [MSC v.1929 64 bit (AMD64)] on win32
   Type "help", "copyright", "credits" or "license()" for more information.
>>> print(Hello World)
   SyntaxError: invalid syntax. Perhaps you forgot a comma?
>>>

                                                                          Ln: 5  Col: 0
```

```
IDLE Shell 3.10.1                                                                    —  □  ×
File  Edit  Shell  Debug  Options  Window  Help
    Python 3.10.1 (tags/v3.10.1:2cd268a, Dec  6 2021, 19:10:37) [MSC v.1929 64 bit (AMD64)] on win32
    Type "help", "copyright", "credits" or "license()" for more information.
>>> 1 +
    SyntaxError: invalid syntax
>>>
                                                                                    Ln: 5  Col: 0
```

또한, 다음과 같이 print라는 명령어를 pront라고 잘못 작성하여 명령문에 오타가
있을 경우, 그 명령어를 찾을 수 없다는 'NameError' 메시지를 출력하게 된다.

```
IDLE Shell 3.10.1                                                                    —  □  ×
File  Edit  Shell  Debug  Options  Window  Help
    Python 3.10.1 (tags/v3.10.1:2cd268a, Dec  6 2021, 19:10:37) [MSC v.1929 64 bit (AMD64)] on win32
    Type "help", "copyright", "credits" or "license()" for more information.
>>> pront("Hello World")
    Traceback (most recent call last):
      File "<pyshell#0>", line 1, in <module>
        pront("Hello World")
    NameError: name 'pront' is not defined. Did you mean: 'print'?
>>>
                                                                                    Ln: 8  Col: 0
```

주석

프로그램 코드 작성 시 실제로는 실행되지 않는 설명문을 주석(comment)이라고
한다. 주석은 프로그램의 실행 결과에는 영향을 주지 않으나 나중에 소스코드를 해
석할 때 도움이 된다. 주석은 반드시 있어야 하는 부분은 아니다. 파이썬에서 '#' 기
호를 이용하여 주석을 입력할 수 있다. 프로그램이 실행될 때 컴퓨터는 '#' 기호 뒷
부분은 설명문으로 인식하여 해당 문장을 무시하게 된다.

```
# 사각형의 가로 길이
width = 10

# 사각형의 세로 길이
height = 20

# 사각형의 면적 계산
area = width * height
```

소스코드의 길이가 길어지거나 여러 사람이 함께 작업을 할 경우 주석으로 코드에
대한 설명을 붙여 놓는다면 복잡한 코드나 상당한 시간이 지난 후 코드를 분석할
때 도움이 된다.

실습문제

1. 스크립트 파일 모드에서 print() 명령어를 사용하여 자신을 소개하는 글을 5줄 이
   상 출력하는 프로그램을 작성해보자.

실행결과 예

```
2021123456 소프트웨어학부 홍길동입니다.
저는 연세대학교에 입학한 것이 무척 기쁩니다.
...
```

1. 다음의 실행결과가 나타도록 프로그램을 작성하시오.

   실행결과

   파이썬 너무 재미있어요.

2. 다음 중 파이썬에 대한 설명으로 잘못된 것을 고르시오. (   )
   ① 대화형 모드에서 사용한 변수는 IDLE을 종료했다가 다시 실행해도 남아있다.
   ② *.py로 저장한 파이썬 코드는 다음에 재사용할 수 있다.
   ③ 스크립트 모드에서 코드를 작성할 때, 한 줄씩 입력하면 바로 실행된다.
   ④ 귀도 반 로섬이라는 프로그래머가 만든 언어이다.

3. 다음 중 파이썬의 특징에 대한 설명 중 잘못된 것을 고르시오. (   )
   ① 사용하기 편리하다.
   ② 다양하고 강력한 외부 라이브러리를 제공한다.
   ③ 유료 오픈소스와 강력한 기능을 제공한다.
   ④ 초보자뿐만 아니라 전문가들도 많이 사용하는 언어이다.

CHAPTER

06

변수와 자료형

[학습목표]

▶ 변수의 개념을 이해하고 생성하는 방법을 학습

▶ 변수를 사용하는 목적을 이해하고 사용하는 방법을 학습

▶ 자료형의 개념을 이해하고 기본 자료형에 대해 학습

▶ 자료형 변환 방법 학습

변수 6.1

자료형 6.2

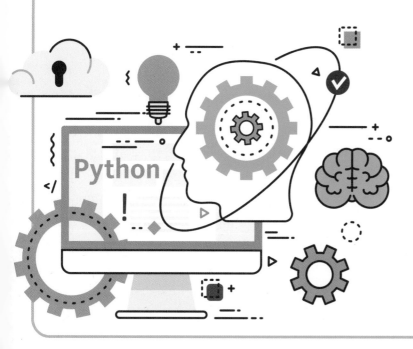

6.1 | 변수

컴퓨터 프로그램에서 변수란 데이터(값)를 저장하는 메모리 공간에 이름을 붙여놓은 것이다. 쉽게 말해, 변수는 값을 저장하는 상자 또는 그릇으로 생각할 수 있다. 또한, 변수는 우리가 수학 시간에 배운대로 변하는 수이다. 프로그래밍에서 변수가 변하는 수라는 것은 더 정확히 표현하면, 변수에 들어있는 값은 변할 수 있다는 것을 의미한다.

그러면 파이썬에서 변하지 않는 수인 상수는 어떻게 표현할까? 파이썬에서는 다른 프로그래밍 언어와 달리 기본적으로 상수를 따로 정의하는 기능은 제공하지 않는다. 처음에 값을 저장한 변수가 이후에도 프로그램 코드에서 계속 같은 값을 유지하도록 담고 있는 값을 변경하지 않는다면 상수와 같이 사용되는 것이다.

아래 그림과 같이 score라는 이름을 가진 상자에 처음에 20이라는 값을 넣었다고 하자. 이때 상자가 바로 메모리 공간, 즉 변수에 해당하고 score라고 이름표를 붙여놓은 것을 변수의 이름이라고 볼 수 있다. score라는 변수에 처음에는 20이라는 값을 넣었지만, 나중에 30이라는 값으로 바뀌게 된다는 것은 필요에 따라 변수에 들어 있는 값을 다른 값으로 바꿀 수 있다는 것이다. 이때 처음에 저장한 20이라는 값은 없어지고 그 자리에 30이라는 값이 새롭게 저장된다.

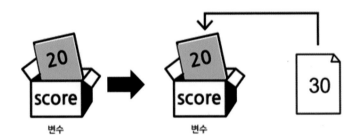

변수 생성

앞에서 변수는 값을 저장하는 상자 또는 그릇이라고 설명하였다. 우리가 어떤 값을 저장하기 위해서는 공간을 준비해야 하는데, 이를 변수를 생성한다라고 표현할 수 있다. 파이썬에서 변수는 값이 메모리 공간에 할당되는 순간에 생성된다. C, C++, Java 등의 언어와는 달리 변수를 선언하는 과정이 반드시 필요한 것은 아니지만, 복잡한 코드를 작성하는 경우에는 앞부분에 변수를 미리 선언하는 방식을 많이 사용한다.

파이썬에서 변수의 생성은 등호(=) 기호를 사용하는 대입 연산자를 이용한다. 수학에서 사용하는 등호 기호와 파이썬과 같은 프로그래밍 언어에서 사용하는 등호 기호는 연산의 의미가 다르기 때문에 초보자들은 이를 혼동하지 않도록 주의해야 한다.

프로그래밍 언어에서 = 기호는 수학에서 사용되는 '같다(equal)'라는 의미가 아니라 오른쪽의 변수 또는 값(계산 값)을 왼쪽의 변수에 '대입한다(assign)'는 의미로 사용된다. 따라서, 대입 연산자의 오른쪽 항과 왼쪽 변수의 위치를 혼동해서는 안된다.

아래 예는 변수의 생성을 위해 대입 연산자가 올바르게 사용된 예제이다.

```
>>> x = 2          # x라는 변수에 2라는 값을 대입
>>> y = x          # y라는 변수에 변수 x의 값을 대입
>>> z = x + y      # z라는 변수에 변수 x와 y의 값을 더한 결과 값을 대입
```

만약, 아래와 같이 대입 연산자와 오른쪽 항과 왼쪽 변수의 위치가 잘못되면 오류가 발생하므로 정상적으로 변수 생성이 이루어지지 않는다. 첫 번째와 두 번째 명령문의 경우 대입 연산자의 왼쪽에는 값이 아닌 변수가 있어야 한다는 규칙을 어김으로 인해 오류가 발생한다. 세 번째 명령문의 경우 대입 연산자의 왼쪽에는 계산식이 아니라 단일 변수만 있어야 하는 규칙을 어기게 되어 오류가 발생한다.

```
>>> 10 = 100
>>> 10 = x
>>> y + 10 = x
```

변수 사용

변수는 값의 저장 공간으로 생성된 변수에는 얼마든지 다른 값을 저장할 수 있다. 다음 코드와 같이 score라는 변수를 처음 생성할 때 20이라는 값을 저장했지만 두 번째 줄에서 30이라는 값을 score 변수에 대입하면 새로운 변수가 생성되는 것이 아니라 이미 생성된 score 변수에 저장되어 있는 값을 변경하게 된다. 즉, 변수에 있던 기존 값은 없어지고 새로 입력한 값으로 변경되는 것이다.

```
>>> score = 20
>>> score = 30
>>> score
30
```

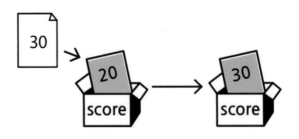

변수에는 값만 넣을 수 있는 것이 아니라 다음과 같이 다른 변수에 저장되어있는 값을 저장할 수도 있고, 계산 결과를 저장할 수도 있다.

다음 코드는 var2 변수의 값(200)을 복사하여 변수 var1에 대입해준다.

```
>>> var2 = 200
>>> var1 = var2
>>> var1
200
```

변수 ver2의 값 (200)을 복사하여 변수 var1에 대입

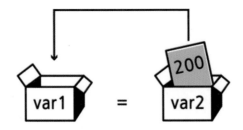

변수에 값이나 다른 변수의 값이 아니라 연산 결과값을 넣을 수도 있다. 연산은 다음과 같이 숫자끼리의 연산, 변수에 저장된 값과 숫자의 연산이 될 수 있다. 대입 연산자의 오른쪽에 있는 연산식을 수행한 결과값을 왼쪽에 있는 변수에 담아주는 것이다.

```
>>> var1 = 100 + 100
>>> var1
200
```

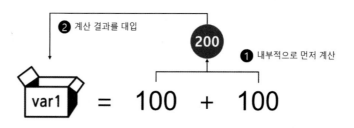

```
>>> var1 = var2 + 100
>>> var1
300
```

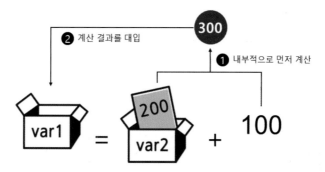

아래와 같이 연산에 사용되는 변수가 값을 저장할 변수와 동일한 경우, 자신의 값을 연산한 후 그 결과를 다시 자신에게 넣는 방식이다. 이 방식에서 주의할 점은 처음에 var1에 반드시 값이 저장되어 있어야 한다. 즉, var1이 이미 생성된 변수이어야 한다는 의미와 같다.

```
>>> var1 = var1 + 200
>>> var1
300
```

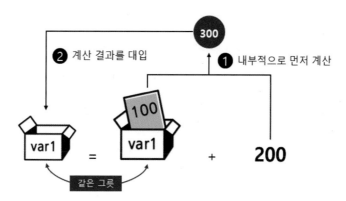

변수를 사용할 때에는 반드시 변수를 생성한 후 사용해야 한다. 생성되지 않은 변수 사용은 오류를 발생시킨다. 만약, var1이 생성되지 않은 상황에서 위의 코드를 실행한다면, NameError: name 'var1' is not defined라는 오류가 발생한다. 자기 자신의 값을 이용하여 연산한 결과를 다시 자신에게 넣는 사용이 아니더라도, 프로그램 코드 내에서 변수를 불러서 사용할 경우에는 반드시 생성된 변수이어야 한다는 점을 유념해야 한다.

변수는 왜 사용할까?

앞에서 변수는 무엇이고 어떻게 생성하며 사용하는지에 대해서 학습했다. 처음 프로그래밍 언어를 학습하다 보면 이런 의문이 들 수도 있다. 프로그램을 작성할 때 값을 꼭 어딘가에 저장해서 사용해야만 하는 걸까? 필요할 때 바로 값을 넣어 사용하면 되지 않을까? 다음의 예제를 통해 변수를 사용하는 목적을 살펴보자. Turtle 그래픽을 사용하여 반지름이 100인 3개의 원을 그리는 프로그램을 작성할 때 변수를 이용하지 않는다면 아래와 같이 작성할 수 있다.

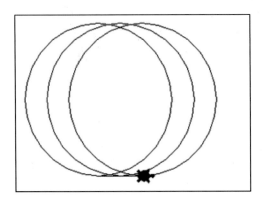

```
import turtle
t = turtle.Turtle()
t.shape("turtle")

t.circle(100)
t.fd(30)
t.circle(100)
t.fd(30)
t.circle(100)
```

갑자기 원의 반지름을 50으로 변경하여 다시 그려야 하는 상황이 발생한다면 위의 코드를 어떻게 수정해야 할까? circle() 함수에서 반지름의 값을 100으로 작성했던 부분을 모두 50으로 일일이 수정해야 할 것이다. 지금처럼 원을 3개만 그리는 경우에는 크게 어려운 작업이 아니다. 하지만 원의 개수가 100개, 1000개가 된다면 어떨까? 매우 번거로운 일이 될 것이다. 이와 같은 경우 다음과 같이 반지름의 값을 저장할 변수를 생성하여 사용한다면, 반지름의 값을 변경해야 할 때 변수에 저장된 값만 변경하면 되므로 훨씬 효율적인 작업이 될 것이다.

```
import turtle
t = turtle.Turtle()
t.shape("turtle")

radius = 50
t.circle(radius)
t.fd(30)
t.circle(radius)
t.fd(30)
t.circle(radius)
```

변수 이름 짓기

파이썬에서 변수 이름을 짓는 규칙은 다른 프로그래밍 언어에서 사용되는 작성 규칙과 비슷하다. 파이썬의 변수 이름 작성 규칙은 다음과 같다.

- 대소문자를 구분한다.
- 영문자, 숫자, 밑줄 문자(_)로 이루어진다.
- 첫 글자는 반드시 영문자 또는 밑줄 문자(_)이어야 하며 숫자로 시작할 수 없다.
- 변수 이름 중간에 공백이 들어갈 수 없다.
- if, for, while 등과 같은 파이썬에서 이미 지정된 키워드는 사용할 수 없다.

다음은 변수 이름으로 올바르게 사용된 예이다.

```
sum                  # 영문 알파벳 문자로 시작
SUM                  # 대소문자를 구분하므로 sum과 SUM은 서로 다른 변수
_count               # 밑줄 문자로 시작할 수 있음
number_of_pictures   # 중간에 밑줄 문자를 넣을 수 있음
King3                # 맨 처음이 아니라면 숫자도 넣을 수 있음
```

다음은 변수 이름으로 잘못 사용된 예이다.

```
2nd_base             # 숫자로 시작할 수 없음
money!               # !과 같은 특수문자는 사용할 수 없음
base camp            # 중간에 공백을 사용할 수 없음
if                   # 예약어 if를 사용할 수 없음
```

반드시 지켜야하는 규칙은 아니지만, 변수의 역할을 잘 설명할 수 있는 이름으로 만드는 것이 좋다. 역할에 맞는 변수 이름은 프로그램을 검토할 때, 변수의 의미나 기능을 더 빠르게 파악할 수 있도록하여 이해에 도움을 준다. 아래 예제를 통해 단순한 문자로 만든 변수와 역할에 맞는 변수의 차이를 살펴보자.

예제 6.1

세 과목 시험 성적의 총합과 평균을 구하여라.

- 수학: 26점
- 영어: 54점
- 역사: 96점

예제 실습 A

```
a = 26
b = 54
c = 96
d = a + b + c
f = d / 3
print(d, f)
```

예제 실습 B

```
math = 26
english = 54
history = 96
sum = math + english + history
average = sum / 3
print(sum, average)
```

예제 실습 A의 경우 a, b, c, d, f의 각 변수가 어떤 값을 담고 있는 변수인지 그 용도를 파악하기가 어려우나 예제 실습 B의 경우 math 변수는 수학 점수, english 변수는 영어 점수, history 변수는 역사 점수를 저장하고 있으며 sum과 average 변수는 각각 과목의 총점과 평균을 저장하는 변수라는 것을 바로 파악할 수 있다. 이와 같이 변수의 역할이나 기능을 생각하여 이름을 지어주는 습관을 들이는 것이 좋다.

6.2 | 자료형

우리에게 컵이 하나 있을 때, 컵에 물을 따라 마실 수도 있고, 우유, 주스 등 어떤 것이든 컵에 담아 마실 수 있는 것처럼, 파이썬의 변수도 다양한 종류의 값들을 대입하여 저장할 수 있다. 이처럼 프로그램에서 변수에 저장하여 사용하는 자료의 종류를 자료형(data type)이라고 한다. 파이썬은 C/C++, Java 등의 프로그래밍 언어와는 달리 변수를 사용하기 전에 미리 선언할 필요가 없다. 즉, 파이썬의 변수는 저장되는 값에 따라서 자동으로 자료형이 결정된다. 마치 컵에 물을 따르면 물컵, 우유를 따르면 우유컵이라고 부르는 것처럼 정수값이 저장되면 정수형 변수, 문자열이 저장되면 문자열 변수가 되는 것이다. 변수는 값이 변경될 수 있으므로 값이 대입하여 저장할 때마다 자료형이 변경될 수 있다. 이 부분이 다른 프로그래밍 언어와 차별되는 파이썬의 편리한 기능이라고 볼 수 있다.

파이썬이 내부적으로 변수를 어떤 자료형으로 저장하고 있는가를 알고 싶다면 type() 함수를 사용하면 된다. 즉, 다음과 같이 변수 x를 생성하고 10이라는 정수를 저장한 후 자료형을 확인해보자. 정수(integer) 값의 형태로 저장되어 있으므로 'int' 클래스를 출력한다. 조금 전에 생성한 변수 x에 "python"라는 문자열을 대입하여 변수 x의 값을 변경시킨 후, 자료형을 확인해보자. 문자열(string) 형태로 값이 변경되었으므로 'str' 클래스를 출력하는 것을 확인할 수 있다.

```
>>> x = 10
>>> type(x)
<class 'int'>
```

```
>>> x = "python"
>>> type(x)
<class 'str'>
```

자료형의 종류

파이썬에서는 다음과 같이 총 9가지의 기본 자료형을 제공한다. 이번 장에서는 수치 자료형 중 정수형과 실수형, 논리 자료형, 문자열에 대해서 간단히 다루도록 한다. 군집 자료형은 9장에서 더 자세하게 학습하도록 하자.

분류	자료형		예
수치 자료형	정수(int)		7, 123, -256
	실수(float)		3.14, -1.2345, -3.4e5
	복소수(complex)		2.5+3.2j, 1+2j
논리 자료형	논리값(bool)		True, False
군집 자료형 (나열형)	나열형 (sequence)	문자열(str)	'Hello Python', "연세"
		리스트(list)*	[1,2,3,4], ['red','green',5]
		튜플(tuple)	(1,2,3,4), ('r','g','b')
	세트(set)*		{1,2,3}, {'red','green','blue'}
	딕셔너리(dict)*		{1:'mon',2:'yue'}, {'python':100,'math':70}

*mutable 자료형(데이터 내부의 값을 변경할 수 있는 형태의 자료형, 나머지는 immutable 자료형)

수치 자료형으로는 정수형(int), 실수형(float), 복소수형(complex)이 있다. 정수형과 실수형은 소수점의 유무에 따라 결정된다. 다음과 같이 소수점이 없는 데이터를 정수형, 3.14와 같이 소수점이 있는 데이터를 실수형이라고 한다.

```
>>> a = 123
>>> type(a)
<class 'int'>
>>> b = 3.14
<class 'float'>
```

수치 자료형은 덧셈, 뺄셈, 곱셈, 나눗셈과 같은 사칙연산과 지수 연산, 나머지 연산과 같은 산술연산 수행이 가능하다. 산술연산에서는 가장 큰 자료형으로 결정되므로 정수형과 실수형 사이의 연산의 결과는 실수형으로 결정된다. 그리고 나눗셈 연산은 정수형과 정수형의 연산일지라도 결과는 항상 실수형이 된다는 것을 기억하자.

```
>>> a = 10                  # 정수형
>>> b = 20                  # 정수형
>>> c = 30.0                # 실수형
>>> print(a+b, a-b, a*b, a/b)   # 정수형과 정수형 사이의 산술연산
30 -10 200 0.5              # 나눗셈은 항상 실수형
>>> print(c+a, c-a, c*a, c/a)   # 실수형과 정수형 사이의 산술연산
40 20 300 3.0              # 실수형이 더 큰 자료형이므로 모두 실수형
```

논리 자료형(bool)은 미리 정의된 상수인 참(True)이나 거짓(False)의 논리값만을 가진다. 논리 자료형은 단독으로 사용하기보다는 뒤에서 다룰 if 조건문이나 while 반복문 등과 함께 주로 사용된다.

```
>>> a = True
>>> type(a)
<class 'bool'>
```

문자열(str)은 간단히 설명하면 문자들의 나열로 볼 수 있다. 문자열은 큰따옴표(")나 작은따옴표(')로 나열된 문자들을 감싸주면 되는데 다음과 같은 4가지 방법으로 감싸주면 된다. 문자열에 대한 상세한 설명은 9장 군집 자료형에서 다시 다루기로 한다.

```
>>> sentence = "파이썬 만세"
>>> sentence = '파이썬 만세'
>>> sentence = """파이썬 만세"""
>>> sentence = '''파이썬 만세'''
```

만약 문자열 내에 큰따옴표(")나 작은따옴표(')가 포함되어 있을 경우 다음과 같이
다른 종류의 따옴표로 감싸주면 된다.

```
>>> sentence = '큰따옴표는 " 모양입니다.'
>>> print(sentence)
큰따옴표는 " 모양입니다.
>>> sentence = "작은따옴표는 ' 모양입니다."
>>> print(sentence)
작은따옴표는 ' 모양입니다.
```

자료형 변환

자동 자료형 변환

앞에서 설명한 대로, 파이썬에서 변수는 대입하는 값이 바뀔 때마다 자료형이 변경
된다. 즉, 자동으로 변수의 자료형이 변환된다. 아래와 같이 변수 x를 생성하여 정
수(12), 실수(3.14), 문자열("python") 값을 차례대로 대입해보자. 아래 코드를 실행
해보면 에러 메시지 없이 값이 저장될 때마다 변수 x의 자료형은 차례대로 정수형
(int), 실수형(float), 문자열(str)로 자동으로 지정되는 것을 알 수 있다. 즉, 파이
썬은 우리가 신경쓰지 않아도 동적으로 자료형이 변경된다는 것을 의미한다.

```
>>> x = 12
>>> type(x)
<class 'int'>
>>> x = 3.14
<class 'float'>
>>> x = "python"
<class 'str'>
```

강제 자료형 변환

변수에 저장된 정수, 실수, 문자열 등의 다양한 자료형들의 값들은 사용자에 의해
강제로 다른 자료형으로 변환될 수 있다. 강제 자료형 변환이 필요한 경우를 살펴

보자. 아래 코드와 같이 두 변수 x, y는 모두 정수형으로 덧셈 연산을 수행한 결과가 오류없이 30으로 출력된다.

```
>>> x = 10
>>> y = 20
>>> x + y
30
```

하지만, 아래 코드를 실행해보자. 변수 x는 정수형, y는 문자열이므로 덧셈 연산을 수행할 때 에러가 발생한다. 수치 자료형과 문자열 간에 산술연산은 불가능하기 때문이다.

```
>>> x = 10
>>> y = '20'
>>> x + y
TypeError: unsupported operand type(s) for +: 'int' and 'str'
```

위와 같은 문제를 해결하기 위해 파이썬에서는 사용자가 자료형을 변환할 수 있도록 다음과 같은 자료형 변환 함수를 제공한다.

자료형 변환 함수	변환 전 자료형	변환 후 자료형	예
int() 함수	실수형(float)	정수형(int)	int(3.14) => 3
	정수형 문자열(str)	정수형(int)	int("20") => 20
float() 함수	정수형(int)	실수형(float)	float(3) => 3.0
	수치 자료형 문자열(str)	실수형(float)	float("3.14") => 3.14 Float("20") => 20.0
str() 함수	정수형(int)	정수형 문자열(str)	str(10) => '10'
	실수형(float)	실수형 문자열(str)	str(3.14) => '3.14'

정수형 변환을 위해 int() 함수를 사용할 때, 변환 가능한 자료형은 실수형과 정수 형태의 문자열이다. 실수형의 경우 소수점 아래는 버리고 정수 부분만을 취하여 정수형으로 변환해주며, 정수 형태의 문자열은 문자열이 아닌 정수형으로 변환해준다. 이때, 주의할 점은 다음과 같이 실수 형태의 문자열은 정수형으로 변환이 불가능하며 오류를 발생시킨다는 점이다.

```
>>> a = int(5.6)      # 소수점 뒤를 버리고 정수형으로 변환
>>> b = int('15')     # 정수 형태의 문자열을 정수형으로 변환
```

```
>>> print(a, b)
5 15
>>> print(type(a), type(b))
<class 'int'> <class 'int'>
>>> score = '85'              # 정수 형태의 문자열
>>> score + 5                 # TypeError 발생!!
TypeError: can only concatenate str (not "int") to str
>>> int(score) + 5            # 정수로 변환 후, 계산에 사용
90
>>> int('5.6')               # 실수 형태의 문자열은 정수로 변환 불가
ValueError: invalid literal for int() with base 10: '5.6'
```

실수형 변환을 위해 float() 함수를 사용할 때, 변환 가능한 자료형은 정수형과 실수 형태의 문자열이다. 정수형의 경우 소수점 아래 0을 추가하여 실수형으로 변환해준다. float() 함수는 int() 함수와는 달리 실수 형태의 문자열만 실수형으로 변환 가능한 것이 아니라 정수 형태의 문자열도 실수형으로 변환이 가능하다.

```
>>> x = float(3)             # 소수점 뒤 0을 추가하여 실수형으로 변환
>>> y = float('15.7')        # 실수 형태의 문자열을 실수형으로 변환
>>> print(x, y)
3.0 15.7
>>> print(type(x), type(y))
<class 'float'> <class 'float'>
>>> float("15")              # 정수 형태의 문자열도 실수형으로 변환
15.0
```

문자열 변환을 위한 str()는 정수형 또는 실수형의 값을 문자열로 변환해준다.

```
>>> a = 123
>>> c = str(a)               # 정수 123을 문자열 '123'으로 변환
>>> a
123
>>> c
'123'
>>> b = 1.23
>>> d = str(b)               # 실수 1.23을 문자열 '1.23'으로 변환
>>> b
1.23
>>> d
'1.23'
```

1. samsung이라는 변수로 80,000원을 선언(바인딩)해 보시오. 삼성전자 주식 10주를 보유하고 있을 때 총 평가금액을 출력하는 프로그램을 작성해보자.

   실행결과 예

   ```
   삼성전자 총 평가금액 = 800000
   ```

2. 문자열 "2785"를 정수형으로 변환하고 자료형을 확인하는 프로그램을 작성해보자.

   실행결과 예

   ```
   2785 <class 'int'>
   ```

3. 문자열 "3.141592"를 실수형으로 변환하고 자료형을 확인하는 프로그램을 작성해보자.

   실행결과 예

   ```
   3.141592 <class 'float'>
   ```

1. 다음을 읽고 O, X로 답하시오.

   (1) 변수명은 문자 또는 _(밑줄 문자)로만 시작해야 하며 숫자로는 시작할 수 없다. (   )

   (2) int형과 float형이 함께 쓰이는 경우에 그 결과값은 float형이다. (   )

   (3) 변수에 값을 입력하면 기존 값은 없어지고 새로운 값이 입력된다. (   )

2. 다음 중 파이썬 문법상으로 틀린 것을 모두 고르시오. (   )

   ❶ a = 1000   ❷ b = 500.0   ❸ a = b + c   ❹ 10 = a

3. 변수에 대한 설명으로 틀린 것을 모두 고르시오. (   )

   ❶ 파이썬은 변수의 선언을 생략해도 된다.

   ❷ 변수 종류에는 정수형, 실수형, 불형, 문자열 등이 있다.

   ❸ a=b처럼 변수에 변수를 대입할 수 있다.

   ❹ type() 함수는 변수에 저장된 값을 출력한다.

4. 변수의 이름으로 사용 가능한 것을 모두 고르시오. (   )

   ❶ value   ❷ class_name   ❸ king3   ❹ money#

   ❺ _count   ❻ 2name

5. 변수의 자료형을 알려주는 함수를 고르시오. (   )

   ❶ len()   ❷ type()   ❸ int()   ❹ sorted()

Computational Thinking and Software
with Python

CHAPTER

07

기본 입출력 함수

[학습목표]

▶ 기본 입력함수 input( )을 이해하고 사용하는 방법을 학습
▶ 기본 출력함수 print( )를 이해하고 사용하는 방법을 학습
▶ 문자열 형식을 지정하여 원하는 형식으로 출력하는 문자열 포맷팅에 대해 학습

기본 입력 함수: input() 7.1

기본 출력 함수: print() 7.2

문자열 포맷팅 7.3

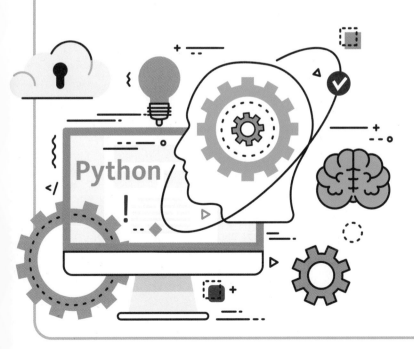

이번 장에서는 컴퓨터 프로그램과 사용자와의 상호작용 수단으로 사용할 수 있는 기본 입출력 함수에 대해 학습하고 이를 이용하여 프로그램을 작성하는 방법을 익힌다. 프로그램과 사용자가 상호작용을 한다는 것은 사용자가 키보드를 통해 입력한 값을 프로그램에서 사용하고, 프로그램의 수행 결과를 사용자가 확인할 수 있도록 화면에 나타내주는 것을 의미한다. 파이썬에서는 사용자가 프로그램에 값을 입력해줄 수 있는 기본 입력 함수로 input() 함수와 화면에 결과를 보여주는 기본 출력 함수로 print() 함수를 제공한다.

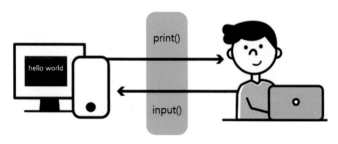

사용자 인터페이스

7.1 │ 기본 입력 함수: input()

사용자로부터 키보드로 값을 입력받아 프로그램에 사용하기 위해 기본 입력 함수로 input() 함수를 사용한다. input() 함수가 실행되면 화면에 커서가 깜박이며 사용자가 키보드로 값을 입력하고 엔터를 누를 때까지 대기 상태가 된다. input() 함수의 기본 사용법은 "변수 = input()"의 형식으로 입력받은 값을 변수에 저장할 수 있다.

아래 코드를 예제로 input() 함수의 사용법을 익혀보자.

```
>>> name = input()
Gildong          # 입력하는 값이 변수에 대입됨
>>> name
'Gildong'
```

name = input()을 실행하면 아래 줄에 커서가 깜박이면서 사용자가 값을 입력할 때까지 대기 상태가 된다. 위 예제처럼 사용자가 문자열 "Gildong"을 입력하고 엔터를 누르게 되면 name이라는 변수에 입력한 값 "Gildong"이 저장되고, 두 번째 명령문 ">>> name"을 실행시키면 변수에 저장된 값이 화면에 출력되는 것이다.

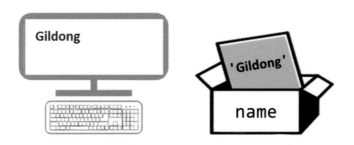

input() 함수는 파라미터로 input()과 같이 ()안을 비워둘 수도 있지만, 사용자가 입력해야 할 사항을 안내하기 위해 프롬프트, 즉 입력 안내 메시지를 넣어줄 수 있다. 프롬프트는 사용자가 입력한 문자열이 아니라 input() 함수가 실행될 때 화면으로 출력되는 메시지이다. 아래의 예제 코드를 수행해보자.

```
>>> name = input("이름 입력: ")
이름 입력: 홍길동
```

위 코드에서 명령문을 실행시키면 "이름 입력: "이 출력되고 커서가 깜박이면서 사용자가 값을 입력할 때까지 대기 상태가 된다. 사용자가 키보드로 문자열 "홍길동"을 입력하면 이 문자열이 변수 name에 저장되는 것이다. 즉, input() 함수를 이용하여 사용자로부터 키보드로 이름을 입력받아 변수 name에 저장하게 된다. "변수 = input('프롬프트 문자열')"의 형식으로 input() 함수에 입력 메시지를 지정하여 입력받고 변수에 저장할 수 있다.

input() 함수를 사용할 때 반드시 기억해야 할 사항은 input() 함수는 사용자의 입력을 무조건 문자열 형태로 반환하여 변수에 저장된다는 것이다. 아래 예제와 같이 두 개의 숫자를 입력받아 그 합을 구하는 프로그램을 만들어보자.

```
x = input("첫 번째 정수를 입력하세요: ")
y = input("두 번째 정수를 입력하세요: ")
sum = x + y
print("합은", sum)
```

실행결과

```
첫 번째 정수를 입력하세요: 10
두 번째 정수를 입력하세요: 20
합은 1020
```

위와 같이 두 개의 숫자 10과 20을 입력받아 두 수의 합을 출력한 결과는 우리가 원하는 30이라는 결과가 아님을 알 수 있다. input() 함수는 입력받은 값을 항상 문자열로 반환하여 저장하기 때문이다. 사용자는 숫자 10과 20으로 입력하고자 하였지만, input() 함수는 이를 모두 문자열로 인식하여 문자열의 연결 연산으로 수행한 결과가 된 것이다. 그렇다면 두 숫자의 합을 구하도록 하려면 어떻게 해야할까? 이전 장에서 배운 자료형 변환 함수를 이용하면 정수 형태의 문자열을 정수형으로 변경해줄 수 있다. 앞의 예제 코드를 아래 예제와 같이 수정하고 실행해보자.

```python
x = int(input("첫 번째 정수를 입력하세요: "))
y = int(input("두 번째 정수를 입력하세요: "))
sum = x + y
print("합은", sum)
```

실행결과

```
첫 번째 정수를 입력하세요: 10
두 번째 정수를 입력하세요: 20
합은 30
```

input() 함수를 통해 입력받은 '10'과 '20'이라는 정수 형태의 문자열을 정수형 변환 함수인 int() 함수를 이용하여 정수로 변환된 값이 각각 변수 x와 y에 저장된다. 이제 우리가 예상한 결과와 같은 10과 20의 합인 30이라는 값이 결과값으로 출력되는 것을 확인할 수 있다.

input() 함수는 키보드로 값을 입력하고 엔터를 누를 때까지 입력한 값을 하나의 문자열, 즉 한 번에 하나의 값으로 입력받는다. 그러나 문자열 메소드인 split() 함수를 이용하면 한 번에 여러 개의 문자열을 입력받아 각각 다른 변수에 저장할 수 있다. 아래 예제 코드를 살펴보자.

```python
>>> n1, n2 = input("Enter two names: ").split()
Enter two names: Tom Bob
>>> print(n1, n2)    # type of n1 and n2 is string
Tom Bob
```

input() 함수로 입력받은 값은 항상 문자열로 반환되므로 문자열 메소드인 split() 함수를 이용할 수 있는 것이다. 위 명령문처럼 input() 함수로 입력받은 'Tom Bob'이라는 하나의 문자열을 split() 함수를 이용하여 공백을 기준으로 두 개의 문자열 'Tom'과 'Bob'으로 분리하여 각각 변수 n1과 n2에 저장된다.

split() 함수를 이용하는 형식은 다음과 같다. 기준문자열을 기준으로 n개의 문자열을 입력하면 n개의 문자열로 분리하여 각각의 변수에 차례대로 저장된다.

```
변수1, 변수2, ..., 변수n = input('프롬프트 문자열').split('기준문자열')
```

7.2 | 기본 출력 함수: print()

print() 함수는 화면에 프로그램 결과물을 출력하기 위해 가장 많이 사용하는 함수 중 하나이다. 앞 장에서 print() 함수를 사용하는 예제들을 간단히 수행해보았다. 이번 장에서는 print() 함수에 대해 더 자세히 알아보도록 하자.

print() 함수의 가장 기본적인 사용법은 "print(출력 대상)" 형식이다. 출력 대상은 값, 변수, 수식 등 다양한 형태가 될 수 있다. print() 함수는 ()안의 인수를 모두 문자열로 바꾸어 출력해준다.

```
>>> print(2)                  # 출력 대상: 값(숫자)
2
>>> a = 3.14
>>> print(a)                  # 출력 대상: 변수
3.14
>>> print(3 * 10 / a)         # 출력 대상: 수식의 결과 값
15.0
```

셀 모드에서는 숫자, 변수, 수식을 입력하면 print() 함수를 생략한 것으로 인식한다. 하지만 스크립트 모드에서는 print() 함수를 반드시 명시적으로 사용해주어야 한다.

```
>>> 2                         # print(2)와 동일
2
>>> a = 3.14
>>> a                         # print(a)와 동일
3.14
>>> 3 * 10 / a                # print(3 * 10 / a)와 동일
15.0
```

지금까지 print() 함수로 출력 대상 하나만을 출력해보았다. print() 함수는 쉼표(,)를 구분자로 여러 개의 출력 대상을 하나의 문자열로 이어서 출력해준다. "print(출력대상1, 출력대상2, ...)" 의 형식으로 사용할 수 있다. 쉼표를 사용하여 여러 개의 출력 대상을 print() 함수의 인수로 넣어주게 되면 각 출력 대상을 문자

열로 변환하고 출력 대상 사이의 쉼표는 공백(한 개의 빈 칸)으로 삽입되어 하나의 문자열로 이어준 후 출력된다. 다음 예제와 같이 print() 함수의 인수로 문자열 "number"와 정수 12, 13이 차례로 주어지면 콤마(,)가 공백으로 삽입되어 'number 12 13'과 같이 하나의 문자열로 이어준 뒤 출력되는 것을 알 수 있다.

```
>>> print("number", 12, 13)
number 12 13
```
└─ 빈 칸이 추가됨

다음의 예제 코드와 같이 문자열과 변수를 함께 출력하면 각각의 출력 대상 사이의 콤마가 빈 칸으로 삽입되어 출력된다. 이때 출력 대상 사이에 빈 칸이 없도록 출력하려면 어떻게 할 수 있을지 생각해보자.

```
>>> age = 20
>>> print("제 나이는 ", age, "살입니다.")
                          # 3개의 출력 대상(문자열, 변수, 문자열) 출력
제 나이는  20 살입니다.
```

print() 함수의 인수는 모두 문자열로 변환되어 하나의 문자열로 이어준다고 했다. 따라서 문자열 연결 연산을 이용하여 하나의 문자열로 만든 후 출력을 하도록 하면 print() 함수의 인수는 여러 개의 출력 대상이 되는 것이 아니라 하나의 문자열을 출력하게 되므로 아래 예제 코드처럼 빈 칸 없이 출력할 수 있다.

```
>>> age = 20
>>> print("제 나이는 " + str(age) + "입니다.")
                      # 문자열 3개를 연결하여 하나의 문자열로 만든 후 출력
제 나이는 20입니다.
```

쉼표로 여러 내용을 입력하면 기본적인 구분자의 역할로 한 개의 빈 칸이 자동으로 삽입된다. 구분자의 역할을 바꿔주고 싶은 경우 print() 함수에 sep="구분자" 형식으로 파라미터를 지정할 수 있다. 다음 예제 코드를 실행해보고 sep 파라미터의 역할을 이해해보자.

```
print("Hello", "CT", "Python", sep=" ")     # 빈 칸
print("Hello", "CT", "Python", sep="")      # 빈 칸 없이
print("Hello", "CT", "Python", sep="\t")    # 탭 구분
print("Hello", "CT", "Python", sep=",")     # 쉼표 구분
```

```
Hello CT Python
HelloCTPython
Hello   CT   Python
Hello,CT,Python
```

print() 함수를 실행하게 되면 항상 문자열 마지막에 '\n'(줄 바꿈 문자)가 출력되어 줄 바꿈이 일어난다. 다음 예제 코드를 실행하여 자동으로 줄 바꿈이 되는 것을 확인해보자.

```
print("Hello")
print("CT")
print("Python")
```

```
Hello
CT
Python
```

만약 print() 함수의 자동 줄 바꿈을 방지하려면 끝문자를 바꿔줄 수 있는 end 파라미터를 이용하면 된다. print() 함수의 end 파라미터의 기본값이 '\n'으로 설정되어 있어 자동 줄 바꿈이 일어나는 것이므로 '\n'이 아닌 원하는 값으로 설정해주면 해당 문자가 끝문자로 추가되어 출력된다. 다음 예제 코드를 실행하여 end 파라미터의 역할을 이해해보자.

```
print("Hello", end=" ")        # 빈 칸이 끝문자로 추가
print("CT", end="\t")          # 탭이 끝문자로 추가
print("Python", end="##")      # '##'이 끝문자로 추가
```

```
Hello CT    Python##
```

문자열을 출력할 때, 작은따옴표 안에 큰따옴표가 있을 경우 큰따옴표가 그대로 출력되고, 마찬가지로 큰따옴표 안에 작은따옴표가 있을 경우 작은따옴표가 그대로 출력된다. 하지만 큰따옴표 안에서 큰따옴표를 출력하거나 작은따옴표 안에서 따옴표를 출력할 경우에는 반드시 '\'기호를 사용해야 한다. 다음 예제 코드를 실행해보자.

```
print("My name is 'Gildong'.")        # 큰따옴표 안에서 작은따옴표 출력
print('My name is "Gildong".')        # 작은따옴표 안에서 큰따옴표 출력
print("My name is \"Gildong\".")      # 큰따옴표 안에서 큰따옴표 출력
print('My name is \'Gildong\'.')      # 작은따옴표 안에서 작은따옴표 출력
```

실행결과

```
My name is 'Gildong'.
My name is "Gildong".
My name is "Gildong".
My name is 'Gildong'.
```

특수 문자 또는 출력 제어 등을 문자열에 포함하여 출력해야 할 경우 확장 문자 (escape sequence)로 '\' 문자를 사용하여 출력할 수 있다. 기본 확장 문자의 종류 는 다음과 같다.

표현	문자	설명
\\	Backslash	백슬래시
\'	Single quote	작은따옴표
\"	Double quote	큰따옴표
\a	Bell	· 문자
\b	Backspace	역방향으로 한 문자 지움. IDLE 셀 모드에서는 실행 안 될 수 있음
\f	Formfeed	커서만 한 줄 아래로
\n	Newline(줄 바꿈) 문자	줄 바꿈(키보드 Enter와 동일)
\r	Carriage return	커서를 좌측 끝으로
\t	Horizontal tab	키보드 Tab과 동일

다음 예제 코드를 실행하여 확장 문자 출력에 대해 이해해보자.

```
print("Hello \\ CT \\ Python")        # backslash 문자 출력
print("Hello \a CT \a Python")        # bell 문자 출력
print("Hello \n CT \n Python")        # 줄 바꿈 문자 출력
```

실행결과

```
Hello \ CT \ Python
Hello · CT · Python
Hello
CT
Python
```

print() 함수의 기본 사용법을 살펴보았다. 이제 문자열의 형식을 지정하여 원하는 형식으로 깔끔하게 출력하는 문자열 포맷팅에 대해 알아보자. 문자열 포맷팅을 사용하는 방법에는 '%' 기호를 사용하는 방법과 문자열의 format() 메소드를 이용하는 두 가지 방법이 있다.

'%' 기호를 사용한 문자열 포맷팅

'%' 기호를 사용한 문자열 포맷팅은 "출력형식" % (데이터)의 형태로 사용할 수 있다. 즉, 문자열 안에서 값을 삽입하고 싶은 자리에 % 기호를 포함한 문자열 포맷코드를 추가하고, 문자열 뒤에 %를 써준 다음 삽입할 값을 넣어주면 된다. 삽입할 값의 자리에는 숫자, 문자열, 변수 모두 가능하다.

다음 예제코드를 실행해보자.

```
print("10")          # 문자 '10'(일영)
print("%d" % 10)     # 숫자 10
```

실행결과

```
10
10
```

두 명령문 모두 10이 출력되어 같아 보이지만, 사실은 완전히 다른 결과이다. 첫 번째 명령문의 결과로 나온 10은 숫자가 아닌 문자(일영)이다. 하지만 두 번째 명령문의 결과로 나온 10은 숫자 10을 의미한다. 이유는 문자열 포맷코드 %d를 사용함으로써 정수로 서식을 지정해주었기 때문이다.

문자열에서 2개 이상의 값을 서식을 지정하여 추가하는 것도 가능하다. 이때, 문자열 안에 사용한 포맷코드의 개수와 문자열 뒤에 나오는 값의 개수는 반드시 같아야한다. 포맷코드의 개수와 문자열 뒤에 나오는 값의 개수가 다르면 오류가 발생하게 된다. 다음 예제코드를 실행해보자.

```
  x = 10
  y = 20
❶ print("%d" % (x, y))      # 오류 발생: 포맷기호 1개, 값은 2개
❷ print("%d %d" % (x))      # 오류 발생: 포맷기호 2개, 값은 1개
❸ print("%d %d" % (x, y))   # 올바른 작성
```

❶과 ❷는 포맷기호의 개수와 값의 개수가 일치하지 않으므로 오류가 발생하게 되는 것을 알 수 있다. ❸과 같이 문자열에 여러 개의 서식을 사용하여 값을 추가할 때에는 문자열 안에서 원하는 위치에 % 기호와 함께 서식을 지정해주고, 문자열 뒤에 %를 붙여준 다음 쉼표(,)로 값을 구분해 ()로 감싸면 된다.

print() 함수에서 사용할 수 있는 대표적인 문자열 포맷코드는 다음과 같다.

문자열 포맷코드	설명
%s	문자열 (string) 어떤 형태의 값이든 % 뒤에 있는 값을 문자열로 변환하여 넣을 수 있음
%c	문자 1개 (character)
%d	정수 (integer)
%f	실수 (floating-point)
%o	정수 (8진수)
%x	정수 (16진수)
%%	문자 % 자체 (Literal %)

문자열 포맷코드 중 문자열 서식(%s)은 어떤 값이든 문자열로 자동 변환하여 넣어주게 된다. 그 외 서식은 서식에 맞는 자료형의 값을 주어야 한다. 아래 예제코드를 실행해보자.

```
❶ print("I have %s apples." % "3")
❷ print("I have %s apples." % 3)          # str(3)으로 자동 변환
❸ print("I have %d apples." % 3)
❹ print("I have %d apples." % "3")         # 오류 발생
❺ print("I have %d apples." % int("3"))   # int("3")으로 자료형 변환 필요
❻ print("I have %d apples." % 3.234)       # int(3.234)으로 자동 변환
```

실행결과

```
I have 3 apples.
I have 3 apples.
I have 3 apples.
Error...
I have 3 apples.
I have 3 apples.
```

❷에서 서식은 문자열 포맷코드인 %s를 사용했지만, 값으로 정수 3이 주어진 경우 문자열 '3'으로 자동 변환을 수행한 후 포맷코드의 자리에 값을 추가하게 되는 것을 알 수 있다. ❹에서는 정수형 서식 %d를 사용했지만 문자열 "3"이 값으로 주어지게

되어 서식에 맞는 올바른 자료형이 아니라는 오류가 발생하게 된다. 이때, ❺처럼 정수형 변환을 위해 int() 함수로 문자열 "3"을 정수 3으로 변환해서 값으로 주게 되면 올바른 사용이 된다. ❻에서 서식은 정수형 %d를 사용했지만 값이 실수값으로 주어진 경우 자동으로 정수형 변환을 수행하여 소수점 아래 숫자는 버리고 정수형 부분만을 값으로 주게 되는 것을 알 수 있다.

문자열 포맷팅을 사용할 때 자릿수, 즉 너비를 지정하는 것이 가능하다. 먼저 정수형 데이터의 서식 지정 방법을 예제코드로 살펴보자.

```
❶ print("%d" % 123)
❷ print("%5d" % 123)
❸ print("%05d" % 123)
❹ print("%2d" % 123)
```

실행결과
```
123
  123
00123
123
```

정수형 서식에서 자릿수를 지정하기 위해서는 % 기호와 d 사이에 원하는 자릿수의 정수값을 지정해주면 된다. ❶과 같이 자릿수를 지정해주지 않으면 값으로 주어진 숫자의 자릿수만큼 왼쪽에서부터 정렬되어 출력된다. ❷와 ❸은 모두 다섯 자리를 확보한 경우이지만, 자릿수보다 주어진 값의 숫자의 자릿수가 작을 경우 ❷는 오른쪽에 붙여서 정렬된 형태로 출력하고 비어있는 자리는 빈 칸으로 출력해준다. ❸처럼 자릿수 앞에 0을 붙여준 경우 비어있는 자리를 0으로 채워서 출력해준다. ❹와 같이 지정한 자릿수보다 주어진 값의 자릿수가 클 경우 지정한 자릿수에 맞춰서 출력하는 것이 아니라 자릿수를 초과하여 표시해준다. 다음 그림으로 자릿수를 채우는 방법을 이해해보자.

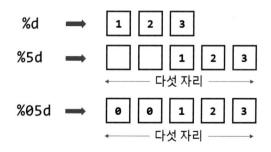

이번에는 아래 예제코드를 실행하여 실수형 서식에서 자릿수를 지정하는 방법도 살펴보자.

```
❶ print("%f" % 12.345)
❷ print("%10.2f" % 12.345)
❸ print("%10.5f" % 123)
```

실행결과
```
12.345000
     12.35
  12.34500
```

실수형 서식에서 자릿수를 지정하기 위해서는 다음과 같은 서식으로 사용할 수 있다.

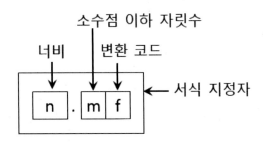

% 기호와 f 사이에 전체 자릿수 n과 소수점 아래 자릿수 m의 값을 지정해주면 된다. ❶과 같이 자릿수를 지정해주지 않으면 값으로 주어진 숫자의 자릿수만큼 왼쪽에서부터 정렬되어 출력된다. 이때 소수점 아래 여섯 자리까지 무조건 출력된다. ❷와 ❸은 모두 열 자리를 확보한 경우이지만, 소수점 아래 자릿수가 다른 경우이다. ❷와 같이 %10.2f로 지정한 경우 소수점 아래는 전체 열 자리 중 두 자리만 차지하겠다는 의미이다. 하지만 주어진 숫자는 12.345로 소수점 아래 세 자리로 표현된 숫자이다. 이런 경우 소수점 아래 셋째 자리에서 반올림하여 둘째 자리까지만 출력된다. 출력할 때 정수형 서식에서와 마찬가지로 오른쪽에 붙여서 정렬된 형태로 출력하고 비어있는 자리는 빈 칸으로 출력해준다. 소수점도 한 자리를 차지하게 된다. ❸과 같이 %10.5f로 지정한 경우 주어진 숫자보다 소수점 아래 확보한 자릿수가 더 많은 경우 소수점 아래 비어있는 자리를 0으로 채워서 출력해준다. ❷와 마찬가지로 소수점도 한 자리를 차지하게 된다.

다음 그림으로 자릿수를 채우는 방법을 이해해보자.

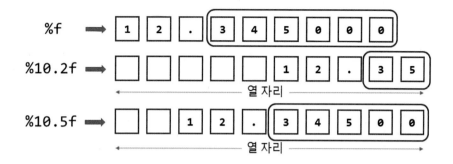

문자열 데이터도 마찬가지의 형식으로 자릿수를 지정해줄 수 있다. 다음 예제코드로 문자열 데이터의 서식도 이해해보자.

```
print("%s" % "CT_Python")
print("%10s" % "CT_Python")
```

실행결과

```
CT_Python
 CT_Python
```

문자열의 format() 메소드를 사용한 문자열 포맷팅

다음으로 문자열의 메소드인 format() 함수를 사용한 문자열 포맷팅에 대해 알아보자. format() 함수와 { } 기호를 사용하여 앞에서와 마찬가지로 서식을 지정해줄 수 있다. 문자열 안에 중괄호 { }로 데이터가 들어갈 자리를 만들고 format() 함수를 호출할 때 이 자리에 들어갈 데이터를 차례대로 지정하면 원하는 형식의 문자열을 만들어 출력할 수 있다. 다음 두 명령문의 실행 결과는 같다. 첫 번째 행은 % 기호를 사용한 문자열 포맷팅을 이용한 것이고, 두 번째 행은 format() 함수를 사용한 문자열 포맷팅이다.

```
print("x = %d and y = %d" % (5, 10))
print("x = {} and y = {}".format(5, 10))
```

```
x = 5 and y = 10
x = 5 and y = 10
```

format() 함수를 사용한 문자열 포맷팅에서 { } 기호 내에 숫자를 집어 넣게 되면 format() 함수의 인수에 대한 인덱스를 나타내게 된다. { } 기호 내에 키워드(인수 이름)을 넣어 사용할 수도 있고, {인수 인덱스:포맷코드}의 형식으로 인수의 위치와 출력 형식을 지정할 수도 있다.

```
print("온도는 {1}도, 습도는 {0}%입니다.".format(45.32345, 25.232))
print("온도는 {temp}도, 습도는 {humidity}%입니다."
                              .format(humidity=45.32345, temp=25.232))
print("온도는 {1:.1f}도, 습도는 {0:.0f}%입니다.".format(45.32345, 25.232))
```

```
온도는 25.232도, 습도는 45.32345%입니다.
온도는 25.232도, 습도는 45.32345%입니다.
온도는 25.2도, 습도는 45%입니다.
```

첫 번째 행에서 { } 안의 0, 1은 format() 함수 안의 인수 값 중에서 0번째, 1번째 인수에 대응한다는 의미이다.

```
print("온도는 {1}도, 습도는 {0}%입니다.".format(45.32345, 25.232))
                                              0번째      1번째
```

두 번째 행과 같이 키워드를 사용할 경우에는 format() 함수의 인수에 "인수이름 = 값"과 같은 형태의 입력 값이 반드시 있어야 한다.

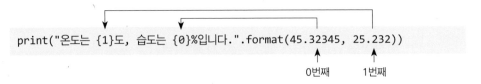

```
print("온도는 {temp}도, 습도는 {humidity}%입니다."
                .format(humidity=45.32345, temp=25.232))
```

세 번째 행과 같이 인수 인덱스와 포맷코드를 함께 사용할 경우에는 { } 기호 내에 : 기호를 생략해서 사용할 수 없다. : 기호를 생략하게 되면 첫 번째 행과 같이 인 덱스 값으로 인식하게 된다.

1. 화면에 "Kim's bakery"를 출력하는 프로그램을 작성해보자.

   실행결과 예

   ```
   Kim's bakery
   ```

2. 화면에 "산에서 불을 발견하면 "불이야"라고 외치세요."를 출력하는 프로그램을 작성해보자.

   실행결과 예

   ```
   산에 불을 발견하면 "불이야"라고 외치세요.
   ```

3. 아래 프로그램에서 x, y의 값으로 각각 200과 300을 입력했을 경우 실행결과를 쓰시오.

   프로그램 코드

   ```
   x = input("첫 번째 정수를 입력하시오: ")
   y = input("두 번째 정수를 입력하시오: ")
   sum = x + y
   print("합은", sum)
   ```

4. 실행결과와 같이 실행되도록 print() 함수의 sep, end 파라미터를 사용하여 프로그램을 작성해보자.

실행결과 예

```
Yonsei University!!!Mirae Campus
Data Programming
```

5. 실행결과와 같이 실행되도록 빈 칸에 적절한 코드를 채워 프로그램을 완성하시오

프로그램 코드

```
temp = 23.987654
humidity = 35.135798
print('Temp: _____ , Humidity: _____ ' _____ )
```

실행결과

```
Temp: 23, Humidity: 35.136
```

6. 실행결과와 같이 실행되도록 빈 칸에 적절한 코드를 채워 프로그램을 완성하시오

프로그램 코드

```
income = 5643200
outcome = 3847200
rate = outcome / income
print(' _____ '.format('RESULT'))
print('Income: _____ Outcome: _____ '.format(outcome, income))
print('Rate: _____ '.format(rate))
```

실행결과

```
**RESULT**
Income: 5,643,200 Outcome: 3,847,200
Rate: 68.17%
```

7. 사용자에게 경기장, 이긴 팀, 진 팀, 우수 선수, 스코어를 질문하고 변수에 저장한다. 이들 문자열에 문장을 붙여서 기사를 작성하는 프로그램을 작성해보자.

실행결과 예

```
경기장은 어디입니까? 연세대학교
이긴 팀은 어디입니까? 연세대
진 팀은 어디입니까? 고려대
우수 선수는 누구입니까? 독수리
스코어는 몇대몇입니까? 8:7

=====================================
오늘 연세대학교에서 연고전 경기가 열렸습니다.
연세대와 고려대는 치열한 공방전을 펼쳤습니다.
독수기이(가) 맹활약을 하였습니다.
결국 연세대가 고려대를 8:7로 이겼습니다.

=====================================
```

1. 다음을 읽고 O, X로 답하시오.

   (1) 아래 프로그램의 출력값은 30이다. (   )

   프로그램 코드

   ```
   x = input("x 입력: ")
   y = input("y 입력: ")
   sum = x + y
   print("결과:", sum)
   ```

   실행결과

   ```
   x 입력: 10
   y 입력: 20
   결과: _____
   ```

2. 다음 명령문의 실행결과를 예측하시오.

   (1) print(200+300)

   (2) print("200+300")

   (3) print(int("200")+300)

   (4) print("%d / %d = %d" %(10, 4, 10/4))

   (5) print("%d / %d = %5.1f" %(10, 4, 10/4))

3. 다음 중 실행 시 오류가 발생하는 것을 모두 고르시오. (   )

   ❶ print("500+600")

   ❷ print("%d" % (500+600))

   ❸ print("%d" % (500, 500))

   ❹ print("%d %d" % (1100))

4. 이스케이프 문자에 대한 설명 중 잘못된 것을 고르시오. (   )

   ❶ \n은 새로운 줄로 넘기며 키보드의 Enter 키를 누른 효과를 준다.

   ❷ \t는 다음 탭으로 이동하며 키보드의 Tab 키를 누른 효과를 준다.

   ❸ \\는 나눗셈의 결과를 출력한다.

   ❹ \"는 "를 출력한다.

5. 실행결과와 같이 실행되도록 빈 칸에 적절한 코드를 채워 프로그램을 완성하시오.

프로그램 코드

```
print('Yonsei University', 'Mirae Campus', _____ )
print('Computational', _____ )
print('Thinking')
```

실행결과

```
Yonsei University!!!Mirae Campus
Computational Thinking
```

Computational Thinking and Software
with Python

연산자

[학습목표]

▶ 수식과 연산자에 대해 이해하고 다양한 연산자들의 사용법을 학습
▶ 수식에서 연산자의 우선순위를 고려하여 계산하는 방법에 대하여 이해

8.1 | 수식과 연산자

수식(expression)은 피연산자들과 연산자의 조합으로 구성되며, 연산자(operator)는 연산(operation)을 나타내는 기호이고, 연산의 대상이 되는 값을 피연산자(operand)라고 한다. 피연산자들에 대해 연산자를 사용하여 계산하면 수식의 결과가 생성된다.

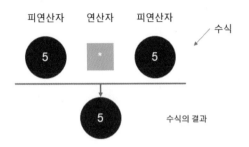

파이썬은 사칙연산(덧셈, 뺄셈, 곱셈, 나눗셈)과 같은 산술 연산자와 관계 연산자, 논리 연산자, 비트 연산자 등을 제공한다. 이번 장에서는 산술 연산자, 관계 연산자, 논리 연산자에 대해 어떻게 사용하는지 알아보도록 한다.

8.2 | 산술 연산자

우리가 익히 알고있는 덧셈, 뺄셈, 곱셈, 나눗셈과 같은 사칙연산은 산술 연산자에 해당한다. 산술 연산자는 피연산자로 숫자 자료형의 값에 대해 연산을 수행한다. 파이썬에서 제공되는 산술 연산자의 종류와 사용 예는 다음과 같다.

산술 연산자	설명	사용 예	예 설명
=	대입 연산자	a = 3	정수 3을 a에 대입
+	더하기	a = 5 + 3	5와 3을 더한 값을 a에 대입
-	빼기	a = 5 - 3	5와 3을 뺀 값을 a에 대입
*	곱하기	a = 5 * 3	5와 3을 곱한 값을 a에 대입
/	나누기	a = 5 / 3	5를 3으로 나눈 값을 a에 대입
//	나누기(몫)	a = 5 // 3	5를 3으로 나눈 뒤 몫의 값을 a에 대입
%	나머지 값	a = 5 % 3	5를 3으로 나눈 뒤 나머지 값을 a에 대입
**	거듭제곱	a = 5**3	5의 3제곱을 a에 대입

산술 연산자의 각 연산자들의 특징에 대해 좀 더 살펴보자.

+, -, *, ** 연산자

사칙연산에서 우리가 이미 알고있는 대로 +는 더하기, -는 빼기, *는 곱하기 연산을
수행한다. * 기호가 연이어 사용된 ** 연산자는 거듭제곱 연산을 수행한다. **의 오
른쪽 피연산자의 값이 지수값이 된다. +, -, *, ** 연산자는 피연산자들이 모두 정수
형일 경우 수식의 결과 또한 정수형이 된다. 하지만, 피연산자들 중 하나라도 실수
일 경우 연산의 결과는 항상 실수가 된다. 다음 코드를 실행시켜보자. 정수형 변수
인 a와 b가 피연산자로 사용된 경우 +, -, *, ** 연산의 결과는 모두 정수값으로 출
력되는 것을 확인할 수 있다. 하지만, 실수형 변수인 x가 피연산자로 사용된 경우
연산의 결과는 모두 실수가 된다.

```
>>> a = 7
>>> b = 4
>>> x = 4.0
>>> print(a + b, a + x)
11 11.0
>>> print(a - b, a - x)
3 3.0
>>> print(a * b, a * x)
28 28.0
>>> print(a ** b, a ** x)
2401 2401.0
```

/, //, % 연산자

나눗셈과 관련된 연산자로 /(나누기), //(나눗셈의 몫), %(나눗셈의 나머지) 연산자
가 있다. 파이썬에서 나누기 연산은 피연산자가 모두 정수라 하더라도 항상 결과가
실수가 된다. 나눗셈의 몫만을 구하는 // 연산자와 나머지 값을 구하는 % 연산자는
피연산자가 모두 정수일 경우에는 연산의 결과가 정수가 되고, 피연산자 둘 중 하
나라도 실수가 있으면 결과가 실수가 된다. 다음 코드를 실행시켜보자. / 연산자의
경우 피연산자가 모두 정수형으로 a, b를 사용하더라도 결과가 실수가 된다. a // b
와 a % b 수식의 경우 7을 4로 나눈 몫인 1과 나머지 3이 각각 연산의 결과값이 되
고, 피연산자 a와 b가 모두 정수형이므로 결과 또한 정수가 된다. 하지만, a // x와
a % x 수식의 경우 피연산자 x가 실수형이므로 연산 결과가 실수가 되는 것을 확인
할 수 있다.

```
>>> a = 7
>>> b = 4
>>> x = 4.0
>>> print(a / b, a / x)
1.75 1.75
>>> print(a // b, a // x)
1 1.0
>>> print(a % b, a % x)
3 3.0
```

% 연산자는 숫자가 짝수 또는 홀수인지 확인이 필요한 경우에 주로 이용되는 연산
자이다. 예를 들어, 짝수인지 확인하고 싶다면 대상이 되는 숫자를 2로 나눈 나머지
를 확인하면 된다. 나머지가 0이라면 2로 나누어 떨어진다는 의미이므로 짝수라는
것을 알 수 있다. 이와 마찬가지로 특정 숫자의 배수인지를 확인해야할 경우 많이
이용되는 연산자이므로 잘 기억해두자.

산술 연산 관련 내장함수

파이썬에서 산술 연산과 관련된 내장함수로 제공되는 함수의 종류는 다음과 같다.
round() 함수의 경우 지정한 자릿수까지 반올림 계산을 해주는 함수이다. divmod()
함수는 // 연산자와 % 연산자의 역할을 동시에 수행하여 몫과 나머지를 한 번에 반
환해주는 함수이다.

내장함수	설명	사용 예	예 설명
abs(x)	절대값 반환 함수	a = abs(-10)	절대값 10을 a에 대입
round()	반올림 계산 함수	a = round(3.14159, 2)	소수점 아래 셋째 자리에서 반올림하여 소수점 아래 둘째 자리까지의 값 3.142를 a에 대입
divmod(x, y)	몫과 나머지 반환 (x//y, x%y) 쌍을 반환	a, b = divmod(7, 4)	7을 4로 나눈 몫 1과 나머지 값 3을 각각 a, b에 대입

8.3 | 복합 연산자

대입 연산자와 다른 연산자를 결합한 복합 연산자를 사용하여 연산과 할당을 동시
에 표현함으로써 코드를 간결하게 작성할 수 있다. 변수가 이전에 가졌던 값을 연
산 결과값으로 수정하여 할당하려고 할 때 사용할 수 있다. 산술 연산자와 대입 연

산자가 결합된 복합 연산자의 종류는 다음과 같다.

복합 연산자	사용 예	의미
+=	i += 8	i = i + 8
-=	i -= 8	i = i - 8
*=	i *= 8	i = i * 8
/=	i /= 8	i = i / 8
//=	i //= 8	i = i // 8
%=	i %= 8	i = i % 8
**=	i **= 8	i = i ** 8

8.4 | 관계 연산자

관계 연산자는 피연산자들의 값을 비교한다고 하여 비교 연산자라고 불리기도 한다. 피연산자들의 값이 같은지, 다른지, 두 값중 어떤 것이 큰지, 작은지를 비교하는 연산을 수행하며 연산 결과는 비교 결과가 참이면 True, 거짓이면 False의 논리 자료형이 된다. 주로 조건문이나 반복문에서 조건 검사를 할 때 사용되는 연산자이다. 관계 연산자의 종류는 다음과 같다.

관계 연산자	설명	사용 예	예 설명
==	equal	x == y	x와 y가 같은지 비교
!=	not equal	x != y	x와 y가 다른지 비교
>	greater than	x > y	x가 y보다 큰지 비교
<	less than	x < y	x가 y보다 작은지 비교
>=	greater than or equal	x >= y	x가 y보다 크거나 같은지 비교
<=	less than or equal	x <= y	x가 y보다 작거나 같은지 비교

== 연산자와 != 연산자는 피연산자가 어떤 자료형이라도 사용 가능하며, 대소 비교 연산자의 경우는 서로 크기 비교가 가능한 자료형이면 피연산자로 사용 가능하다. 즉, 피연산자가 숫자 자료형인 정수, 실수뿐만 아니라 문자열, 리스트 등과 같은 자료형도 사용될 수 있다는 의미이다. 아래 코드를 실행시켜보자. 피연산자들이 문자열의 경우 사전순으로 크기 비교를 수행하며, 대소문자를 구분한다.

```
>>> a = 10
>>> b = 20
>>> c = 10
>>> print(a == b, a == c)
False True
>>> print(a != b, a != c)
True False
>>> print(a > b, a > c)
False False
>>> print(a < b, a < c)
True False
>>> print(a >= b, a >= c)
False True
>>> print(a <= b, a <= c)
True True
```

```
>>> x = "Python"
>>> y = "Python"
>>> z = "Python"
>>> print(x == y, x == z)
True False
>>> print(x != y, x != z)
False True
>>> print(x > y, x > z)
False False
>>> print(x < y, x < z)
False True
>>> print(x >= y, x >= z)
True False
>>> print(x <= y, x <= z)
True True
```

다음과 같이 피연산자의 자료형이 서로 다른 경우, 동등 비교(==, !=) 연산자는 연산이 실행되지만, 대소 비교(>, <, >=, <=) 연산자는 서로 값을 비교할 수 없으므로 TypeError가 발생한다.

```
>>> a = 10
>>> x = "Python"
>>> print(a == x)
False
>>> print(a != x)
True
>>> print(a > x)
TypeError: '>' not supported between instances of 'int' and 'str'
>>> print(a < x)
TypeError: '<' not supported between instances of 'int' and 'str'
```

관계 연산자 중 피연산자의 값이 같은지를 비교하는 == 연산자의 경우 초보자들이 가장 많이 하는 실수로 대입 연산자(=)와 혼동하는 것이다. = 기호를 하나만 사용하는 경우 두 값이 같은지를 비교하는 연산이 아니라 대입 연산자의 왼쪽의 변수에 오른쪽에 있는 값을 할당하는 연산이다.

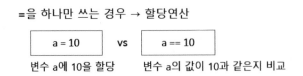

=을 하나만 쓰는 경우 → 할당연산

a = 10   vs   a == 10

변수 a에 10을 할당   변수 a의 값이 10과 같은지 비교

8.5 | 논리 연산자

논리 연산자는 피연산자의 값이 모두 참(True) 또는 거짓(False)으로 표현되는 논리값을 계산하는 연산자로 연산 결과 또한 참(True) 또는 거짓(False)의 논리값으로 표현된다. 논리 연산자의 종류는 다음과 같다.

논리 연산자	의미	사용 예	설명
and	~이고, 그리고(AND)	(a > 100) and (a < 200)	둘 다 참이어야 참
or	~이거나, 또는(OR)	(a == 100) or (a == 200)	둘 중 하나만 참이면 참
not	~아니다, 부정(NOT)	not(a < 100)	참이면 거짓, 거짓이면 참

다음 코드를 실행하여 논리 연산자의 의미를 파악해 보자. 비교 연산자와 논리 연산자를 함께 사용하면 비교 연산자를 먼저 판단하고 그 결과를 피연산자로 하여 논리 연산자를 수행하게 된다.

```
>>> a = 100
>>> print((a > 100) and (a < 200))      # False and True
False
>>> print((a == 100) or (a == 200))     # True or False
True
>>> print(not(a < 100))                 # not False
True
```

8.6 | 연산 우선순위

앞에서 다룬 연산자들은 다음과 같은 우선순위를 갖는다.

순위	연산자	설명
1	( )	괄호
2	**	거듭제곱
3	*, /, //, %	곱하기, 나누기, 몫, 나머지
4	+, -	더하기, 빼기
5	==, !=, >, <, >=, <=	관계 연산자
6	not	논리 연산자 not
7	and	논리 연산자 and
8	or	논리 연산자 or
9	=, +=, -=, *=, /=, //=, %=, **=	대입 연산자

같은 우선순위를 갖는 연산자는 왼쪽부터 계산된다. 단, ** 연산자는 오른쪽부터 계산된다. 예를 들어, 2**3**2의 경우 오른쪽의 3**2를 먼저 수행한 후 2**9를 수행하므로 결과가 512가 된다. 연산의 순서에 대한 혼동을 예방하려면 괄호를 사용하여 계산의 순서를 명확히 하면 된다. 또한, 우선순위가 낮은 연산자를 먼저 수행해야 할 경우에도 괄호를 사용하면 우선순위가 낮더라도 연산을 먼저 수행하도록 할 수 있다.

1. 아래 프로그램의 실행결과를 쓰시오.

프로그램 코드

```
x = 2
y = 10
print("결과:", y/x)
```

2. 참석자의 수를 사용자로부터 입력받고 참석자에 맞추어서 준비해야 할 음식의 수를 출력하는 프로그램을 작성해보자.

조건 치킨은 1인당 1마리, 맥주는 1인당 2캔, 케이크는 1인당 4개씩 준비

실행결과 예

```
참석자의 수를 입력하시오: 25
준비해야 할 치킨의 수: 25
준비해야 할 맥주의 수: 50
준비해야 할 케이크의 수: 100
```

3. 사용자로부터 신장과 체중을 입력 받아서 BMI 값을 출력하는 프로그램을 작성해보자.

힌트 BMI = weight / height^2

```
몸무게를 kg 단위로 입력하시오: 85.0
키를 미터 단위로 입력하시오: 1.83
당신의 BMI= 25.381468541909282
```

4. 주차장의 주차요금이 다음과 같을 경우, 주차요금을 계산하는 프로그램을 작성해보자. 15분 이내는 무료, 15분 단위로 1,000원씩 추가된다고 하자.

주차시간	주차료
0분 ~ 14분	0원
15분 ~ 29분	1,000원
30분 ~ 44분	2,000원
45분 ~ 59분	3,000원

실행결과 예

```
주차시간 입력: 25
주차시간: 25
주차요금: 1000
```

5. 초 단위의 시간을 받아서 몇 분 몇 초인지를 계산하는 프로그램을 작성해보자.

실행결과 예

```
초 단위 시간을 입력하세요: 1000
16 분 40 초
```

6. 과일가게에서 사과를 1개에 1,000원, 배 1개에 2,000원, 멜론은 1개에 3,000원에 판매하고 있다. 그런데 오늘은 사과가 시들어서 원래 가격의 10%를 할인해서 팔려고 한다. 고객들이 구매한 과일 총액을 계산하는 프로그램을 작성하시오.

실행결과 예

```
사과 개수를 입력하세요: 10
배 개수를 입력하세요: 10
멜론 개수를 입력하세요: 10
전체 금액은: 59000
```

7. 자동판매기를 시뮬레이션하는 프로그램을 작성해보자. 사용자는 1000원권 지폐와 500원짜리 동전, 100원짜리 동전을 사용할 수 있다. 물건값을 입력하고 1000원권, 500원짜리 동전, 100원짜리 동전의 개수를 입력하면 거스름돈을 계산하여서 동전으로만 반환한다. 거스름돈에 사용되는 동전은 500원, 100원, 10원, 1원짜리이다.

실행결과 예

```
물건값을 입력하시오: 750
1000원 지폐개수: 1
500원 동전개수: 0
100원 동전개수: 0
거스름돈: 500원= 0 100원= 2 10원= 5 1원= 0
```

8. 세 자리 정수를 입력받아 백의 자리, 십의 자리, 일의 자리 숫자를 출력하는 프로그램을 작성해보자.

실행결과 예

```
세 자리 정수 입력: 349
백의 자리: 3, 십의 자리: 4, 일의 자리: 9
```

1. '50보다 크고 100보다 작거나 같다'를 올바르게 프로그래밍한 것을 고르시오. (   )

❶ x > 50 and x < 100

❷ x > 50 and x <= 100

❸ x > 50 or x < 100

❹ x > 50 or x <= 100

2. '50보다 작거나 100보다 크거나 같다'를 올바르게 프로그래밍한 것을 고르시오. (   )

❶ x < 50 and x > 100

❷ x < 50 and x >= 100

❸ x < 50 or x > 100

❹ x < 50 or x >= 100

3. 다음 코드를 실행한 결과를 올바른 것을 고르시오. (   )

```
num = 10
num = num + 1
num -= 2
print(num)
```

❶ 9   ❷ 10   ❸ 11   ❹ 12

4. 다음 관계연산자 중에서 결과가 True인 것을 모두 고르시오. (   )

❶ 100 > 200   ❷ 100 <= 200

❸ 100 == 200   ❹ 100 < 200

❺ 100 >= 200

5. 다음을 실행한 결과를 예측하시오.

```
a = 10
b = 20
```

(1) a == 10 or b == 10

(2) a >=10 and b < 30

(3) not a == 10

(4) b != 20 or a != 10

(5) not b != 20 and a > 5

6. 놀이공원의 입장료가 아래와 같을 때 입장료를 계산하는 프로그램을 완성하시오.

구분	대인	소인 및 경로(12세 이하 65세 이상)
주간(08시~17시)	25,000	12,000
야간(18시~03시)	12,000	8,000
단체(15명 이상)	20,000	10,000

프로그램 코드

```python
adult = int(input("대인 수 입력: "))
children = int(input("소인 수 입력: "))
time = int(input("현재 시간 입력: "))
total = 0
if _____ :          # day time
    if _____ :      # Group rate
        total = adult*20000 + children*10000
    else:                                    # individual rate

        _____
else:                                        # night time
    total = adult*12000 + children*8000
print('입장료:', total)
```

실행결과 예제 1

대인 수 입력: 6
소인/경로자 수 입력: 3
현재 시간 입력: 10
입장료: 186000

실행결과 예제 2

대인 수 입력: 10
소인/경로자 수 입력: 5
현재 시간 입력: 12
입장료: 250000

실행결과 예제 3

대인 수 입력: 5
소인/경로자 수 입력: 5
현재 시간 입력: 18
입장료: 100000

7. 1000~1500까지의 정수 중 홀수의 합을 구하는 프로그램을 완성하시오.

프로그램 코드

```python
sum = 0
for i in range(1000, 1501, 1) :
    if _____ :
        sum += i
print("1000에서 1500까지 홀수의 합:", sum)
```

실행결과

1000에서 1500까지 홀수의 합: 312500

8. 1부터 100까지 정수 중에서 3의 배수이면서 짝수인 정수의 개수를 세는 프로그램을 완성하시오.

프로그램 코드

```
cnt = 0
for i in range(1, 101, 1) :
    if _____ :
        cnt += 1
print("1~100 3의 배수이면서 짝수의 개수:", cnt)
```

실행결과

```
1~100 3의 배수이면서 짝수의 개수: 16
```

9. 사용자로부터 연도를 입력 받아서 해당 연도가 윤년인지 확인하는 프로그램을 작성하시오. 결과가 윤년이면 "윤년"을, 아니면 "평년"을 result라는 변수에 저장한다.

> **참고** 윤년을 구하는 공식은 다음과 같다.
> (1) 연도가 4로 나누어 떨어진다.
> (2) 100으로 나누어 떨어지는 연도는 제외한다.
> (3) 400으로 나누어 떨어지는 연도는 윤년이다.

프로그램 코드

```
year = int(input('년도를 입력하시오: '))
if _____ :
    result = '윤년'
else:
    result = '평년'
print(result, '입니다')
```

실행결과 예

```
년도를 입력하시오: 2012
윤년 입니다
```

10. 주차장의 주차요금이 다음과 같을 경우, 주차요금을 계산하는 프로그램을 완성하시오.

주차시간	주차료
0분 ~ 19분	무료
20분 ~ 39분	2,000원
40분 ~ 59분	4,000원
10시간 이상	30,000원

```
park_time = int(input('주차시간 입력: '))
charge = 0
if _____ :
    charge = 30000
else:
    unit_time = _____
    charge = unit_time * 2000
print('주차요금: ', charge)
```

실행결과 예제 1	실행결과 예제 2	실행결과 예제 3
주차시간 입력: 15	주차시간 입력: 64	주차시간 입력: 720
주차요금: 0	주차요금: 6000	주차요금: 30000

11. 암스트롱 수란 세 자리의 정수 중에서 각 자리의 수를 세제곱한 수의 합과 자신이 같은 수를 말한다. 예를 들어, 153은 1 + 125 + 27의 합으로 구성될 수 있는데 이러한 수가 암스트롱 수이다. 세 자리 정수들 중에서 모든 암스트롱 수를 구하여 출력하는 프로그램을 작성하시오.

프로그램 코드

```
print("세 자리의 암스트롱 수:")
for i in range(100, 1000):
    # num100: 백의 자리 수, num10: 십의 자리 수, num1: 일의 자리 수
    num100 = _____
    num10 = _____
    num1 = _____

    if _____ :
        print(i)
```

실행결과

```
세 자리의 암스트롱 수:
153
370
371
407
```

Computational Thinking and Software
with Python

군집 자료형

[학습목표]

▶ 군집 자료형의 필요성 이해

▶ 문자열, 리스트 및 딕셔너리 자료형 이해

문자열 9.1

리스트 9.2

딕셔너리 9.3

지금까지는 어떤 값을 저장할 때 하나의 변수에 하나의 데이터를 저장하여 사용했다. 예를 들어 한 학생의 이름을 저장하고, 학생의 성적을 저장한다고 한다면 다음 코드와 같이 작성할 수 있다.

```
>>> name = "Mirae"
>>> score = 95
```

만약 한 학생이 아니라 강의를 수강하는 학생의 수가 100명이라고 한다면, 모든 학생의 이름을 저장하기 위한 변수 name1, name2, … , name100과 성적을 저장하기 위한 변수 score1, score2, … , score100과 같이 각각 100개씩의 변수를 만들어야 한다. 하지만 파이썬에서는 여러 개의 데이터(요소)를 하나로 묶어서 저장하고 관리할 수 있도록 하는 군집 자료형을 제공해준다. 군집 자료형에는 요소들 사이에 순서가 있는 나열형 자료형으로 문자열, 리스트, 튜플과 순서 개념이 없는 세트, 딕셔너리로 나뉜다. 이번 장에서는 문자열, 리스트, 딕셔너리 자료형에 대해서 자세히 살펴보도록 하자.

9.1 | 문자열

문자열(String)에 대해 6장에서 배운 내용을 다시 한번 정리해보자. 문자열은 연속된 문자들이 나열되어 끈(string)으로 가지런히 묶어놓은 것으로 이해할 수 있다. 여러 개의 문자가 모여 하나의 변수에 저장되므로 문자열도 군집 자료형의 하나라고 볼 수 있다. 문자열은 생성 후, 문자열 안에 새로운 문자를 추가하거나 문자열 내의 문자를 변경 또는 삭제하는 것이 불가능한 immutable 자료형이다.

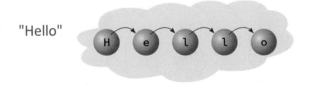

문자열 생성

문자열은 나열된 문자들의 양쪽을 큰따옴표 또는 작은따옴표로 묶어주면 생성된다. 여러 줄의 긴 텍스트를 생성하는 경우에는 작은따옴표 또는 큰따옴표 3개를 연속으로 사용하여 양쪽을 묶어주면 된다. 주의할 점은 큰따옴표로 시작했으면 반드시 큰따옴표로 마쳐야 한다. 마찬가지로 작은따옴표로 시작했으면 반드시 작은따옴표로 마쳐야 한다. 이를 어기게 되면 다음과 같은 문법오류(SyntaxError)가 발생하게 된다.

작은따옴표 또는 큰따옴표가 포함된 문자열 만들기

문자열에 작은따옴표를 포함시키고 싶을 때에는 7장에서 배운 확장 문자(\')를 이용할 수도 있지만, 큰따옴표로 둘러싸서 문자열을 생성해도 된다. 마찬가지로 문자열에 큰따옴표를 포함시키고 싶을 때에는 확장 문자(\")대신 작은따옴표로 둘러싸서 문자열을 생성해도 된다.

```
>>> msg1 = 'Mirae\'s hobby is programming.'        # \' 사용
>>> msg2 = "Mirae's hobby is programming."         # 큰따옴표 안에 작은따옴표 사용
>>> print(msg1)
Mirae's hobby is programming.
>>> print(msg2)
Mirae's hobby is programming.
>>> msg3 = "\"Come, and you will see.\" he replied."  # \" 사용
>>> msg4 = '"Come, and you will see." he replied.'   # 작은따옴표 안에 큰따옴표 사용
>>> print(msg3)
"Come, and you will see." he replied.
>>> print(msg4)
"Come, and you will see." he replied.
```

여러 줄로 구성된 문자열 만들기

문자열 중간에 줄바꿈 문자(\n)을 사용하거나 큰따옴표 또는 작은따옴표 3개를 연속으로 사용하는 방법으로 여러 줄로 구성된 문자열을 만들 수 있다.

```
>>> msg5 = "Hello, everyone.\nMy name is Gildong.\nNice to meet you."  # \n 사용
>>> msg6 = """Hello, everyone.
My name is Gildong.
Nice to meet you."""                               # 큰따옴표 연속 3개 사용
>>> print(msg5)
```

```
Hello, everyone.
My name is Gildong.
Nice to meet you.
>>> print(msg6)
Hello, everyone.
My name is Gildong.
Nice to meet you.
```

긴 문자열 만들기

긴 문자열은 \ 기호를 사용하여 여러 줄에 걸쳐 작성하여, 하나의 문자열로 저장할 수 있다.

```
>>> msg7 = "Hello, everyone.\
    My name is Gildong.\
    Nice to meet you."                              # \ 사용
>>> print(msg7)
Hello, everyone. My name is Gildong. Nice to meet you.
```

문자열 연산

문자열에서는 다음과 같은 4가지 연산이 제공된다.

연산자	설명	사용 예	예 설명
+	연결 연산	'Hello' + 'World'	문자열 'Hello'와 문자열 'World'를 연결하여 새로운 문자열 생성
*	반복 연산	'Hello' * 2	문자열 'Hello'를 2번 반복하여 연결한 새로운 문자열 생성
in	Membership 연산	'y' in 'Python'	문자열 'Python'에 문자열 'y'가 존재하는지 검사
not in		'lo' not in 'Python'	문자열 'Python'에 문자열 'lo'가 존재하지 않는지 검사

연결 연산자(+, Concatenation operator)

+ 연산자는 산술연산자의 더하기 연산자(+)와 모양이 같으나 피연산자가 숫자 자료형이 아닌 문자열일 경우 연결 연산자로 동작한다. 문자열에서 + 연산자는 두 문자열을 연결하여 새로운 문자열을 생성한다. 다음 코드를 실행해보자. 문자열 'Hello'와 문자열 'World!'를 연결하여 새로운 문자열 'Hello World!'를 생성한다.

```
>>> 'Hello' + 'World!'
'Helloworld!'
```

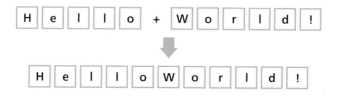

반복 연산자(*, repetition operator)

* 연산자는 산술연산자의 곱하기 연산자(*)와 모양이 같으나 피연산자가 숫자 자료형이 아닌 문자열일 경우 반복 연산자로 동작한다. 문자열에서 * 연산자는 문자열을 지정한 횟수만큼 반복하여 새로운 문자열을 생성한다. 다음 코드를 실행해보자. 문자열 'Congratulations!'을 3번 반복하여 새로운 문자열 'Congratulations!Congratulations!Congratulations!'를 생성한다. 문자열이 * 연산자의 오른쪽에 와도 무방하다.

message를 3번 반복하여 새로운 문자열 생성

```
>>> message = "Congratulations!"
>>> print(message * 3)
Congratulations!Congratulations!Congratulations!
```

Membership 연산자

문자열에서 특정 문자열이 존재하는지 또는 존재하지 않는지를 확인하고 싶을 때 사용할 수 있는 연산자이다. in 연산자는 문자열 안에 찾고자 하는 문자열이 존재하면 참(True), 존재하지 않으면 거짓(False)를 반환한다. not in 연산자는 in 연산자와는 반대로 문자열 안에 찾고자 하는 문자열이 존재하지 않으면 참(True), 존재하면 거짓(False)를 반환한다. 다음 코드를 실행해보자.

```
>>> a = 'Good Morning'
>>> 'Good' in a
True
>>> 'X' in a
False
>>> 'Evening' not in a
True
```

문자열 인덱싱과 슬라이싱

문자열 인덱싱

앞서 설명한 바와 같이, 문자열은 연속된 문자들이 순서대로 나열되어 있다. 이처럼 순서가 있는 경우 각 문자마다 인덱스(index)라고 하는 위치 번호를 부여할 수 있다. 인덱스는 양의 정수 또는 음의 정수를 사용할 수 있다. 양수 인덱스 번호는 1이 아니라 0부터 시작한다는 것을 주의하자. 양수 인덱스는 항상 0부터 시작하므로 문자열의 마지막 문자의 인덱스 번호는 (문자열의 길이 –1)의 값과 같다. 음수 인덱스 번호를 사용할 경우, 마지막 문자의 인덱스 번호는 항상 –1이 된다. 따라서, 문자열의 첫 번째 문자의 음수 인덱스 번호는 –(문자열의 길이) 값과 같다. 인덱스 번호는 문자열에서 각 문자의 위치 번호가 되므로 인덱스 번호를 이용하여 특정 위치에 어떤 문자가 있는지 값을 얻어올 수 있다. 이것을 인덱싱이라고 부르고, 다음과 같이 대괄호 [] 안에 인덱스 번호를 기입하여 사용할 수 있다.

문자열_변수명 [index]

```
>>> msg = 'Python'
>>> msg[1]                    # positive indexing
'y'
>>> msg[-1]                   # negative indexing
'n'
>>> msg[len(msg)-1]           # msg[5]
'n'
```

msg라는 변수에 'Python'이라는 문자열을 저장하게 되면 다음과 같이 각 문자의 양수, 음수 인덱스 번호를 사용하여 문자를 참조할 수 있다.

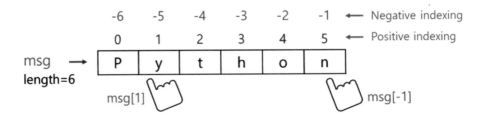

인덱싱을 이용하여 값을 참조할 경우, 반드시 범위 내의 값을 이용해야 하며, 인덱스 번호는 정수형이어야 한다. 인덱스 범위를 벗어난 값을 사용하거나 정수형이 아닌 값을 인덱스 번호로 사용하게 되면 다음과 같이 에러가 발생하게 된다.

```
>>> msg[6]                    # 인덱스 범위를 벗어난 인덱스 번호 사용
IndexError: string index out of range
>>> msg[1.0]                  # 정수형이 아닌 실수형 인덱스 번호 사용
TypeError: string indices must be integers
```

문자열 슬라이싱

문자열 슬라이싱(slicing)이란 문자열에서 특정 부분만을 선택해서 가져오는 것이다. 앞서 설명한 문자열 인덱싱을 사용하면 특정 위치의 문자 하나를 가져올 수 있다. 슬라이싱을 이용하면 문자 하나가 아니라 원하는 위치에 있는 문자들을 한 번에 가져올 수 있다. 아래 예제처럼 전화번호가 저장되어 있는 문자열에서 전화번호 뒤 4자리 번호만 추출하려면 어떻게 해야할까? 우선 앞서 배운 인덱싱을 이용해보자.

```
>>> PhoneNum = "010-1234-5678"   # PhonNum[9]부터 PhoneNum[12]가 "5678"
>>> Last4Num = PhoneNum[9] + PhoneNum[10] + PhoneNum[11] + PhoneNum[12]
>>> print(Last4Num)
5678
```

전화번호가 저장된 문자열에서 마지막 네 개의 문자열을 얻어와야 하므로 인덱스 번호 9~12를 참조해서 각 문자를 연결하면 된다. 네 개의 문자를 하나씩 얻어와서 연결하지 않고 마지막 네 자리를 한 번에 추출하려면 아래와 같이 슬라이싱을 이용하면 된다.

```
>>> PhoneNum = "010-1234-5678"   # PhoneNum[9]부터 PhoneNum[12]가 "5678"
>>> Last4Num = PhoneNum[9:13]
>>> print(Last4Num)
5678
```

위 예제처럼 여러 개의 문자를 한 번에 추출하고자 할 때, 슬라이싱은 매우 유용하게 사용될 수 있다. 슬라이싱은 인덱스 번호를 기반으로 문자열의 부분 값을 반환해준다. 슬라이싱을 이용하는 방법은 다음과 같다.

> **문자열_변수명 [start : end : step]**

인덱싱과 마찬가지로 대괄호 []를 사용하지만 대괄호 안에 콜론을 두고 세 가지의 값을 지정해주는 점이 다르다. 대괄호 안에서 start와 end 값은 슬라이싱의 시작 인덱스와 끝 인덱스를 지정한다. 이때, 주의할 점은 end로 지정한 인덱스는 포함되지 않고 end-1 인덱스까지 지정된다는 것이다. 즉, msg[2:5]라고 지정하게 되면 인덱스 2번부터 4(5-1)번까지 슬라이싱의 범위가 된다는 것이다. 마지막 값 step은 슬라이싱 범위 내에서 문자를 추출하는 간격을 의미한다. 슬라이싱에서 대괄호 내의 start, end, step 값은 생략해서 사용하면 각각의 기본값으로 지정된다. 하지만, start와 end 사이의 콜론은 생략할 수 없다. start 값이 생략된 경우 기본값은 0,

end 값이 생략된 경우 기본값은 문자열의 길이(len(s)), step 값이 생략된 경우 기본값은 1이 된다. step의 값이 음수가 되면 슬라이싱이 역방향으로 수행된다. step의 값이 음수일 경우 start의 기본값은 -1, end의 기본값은 -len(s)-1이 된다.

```
>>> letters = 'Yonsei University'
>>> letters[7:11]     # letters[7:11:1]과 동일
'Univ'
>>> letters[-17:-11]  # letters[0:6:1], letters[:6], letters[:6:]과 동일
'Yonsei'
```

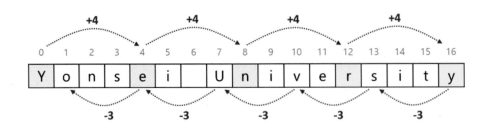

위의 예제를 살펴보자. step의 값이 양수일 경우 왼쪽에서 오른쪽으로 슬라이싱이 진행된다. step의 값이 1이므로 생략가능하다. letters[-17:-11]처럼 start와 end가 음수 인덱스로 사용된 경우 -17번은 양수 인덱스 0번과 같으며 -11번은 양수 인덱스 6번과 같으므로 letters[0:6]으로 사용하는 것과 동일하다.

다음 예제에서는 step의 값이 1보다 큰 경우와 음수인 경우에 대해 살펴보자.

```
>>> letters = 'Yonsei University'
>>> letters[::4]    # letters[0:17:4], 4칸씩 건너뛰면서 추출
'Yenry'
>>> letters[::-1]   # 역으로 슬라이싱(문자열을 거꾸로 추출)
'ytisrevinU iesnoY'
>>> letters[::-3]   # 역으로 슬라이싱(문자열을 거꾸로 추출), 3칸씩 건너뛰면서 추출
'ysvUeo'
```

letters[::4]의 경우 start와 end 값이 생략되었으므로 문자열 전체를 슬라이싱의 범위로 하고, step의 값이 4이므로 4칸씩 건너뛰면서 문자를 추출하여 'Yenry'라는 문자열이 추출된다. letters[::-3]의 경우 step 값이 음수이므로 역으로 슬라이싱을 하게 되고, 간격의 값이 3이므로 뒤에서부터 3칸씩 건너뛰면서 문자를 추출하여 'ysnUco'라는 문자열이 추출된다. 인덱싱과 슬라이싱은 나열형 자료의 다른 종류인 리스트와 튜플에서도 동일하게 동작하므로 잘 이해해놓도록 하자.

문자열 메소드

파이썬에서는 문자열을 편리하게 다룰 수 있는 다양한 메소드들을 제공해준다. 문자열 메소드의 종류는 다음과 같다. split() 메소드는 input() 함수와 함께 매우 자주 사용되는 메소드이다. 이외에도 find(), count()도 자주 사용되는 메소드 중 하나이므로 아래 표를 참고하여 다양한 메소드들을 익혀서 필요할 때 잘 활용하도록 하자.

메소드	설명

split()
split('구문자')
	인수로 입력된 구분자를 기준으로 원본 문자열을 분리하여 반환
	default는 space를 기준으로 분리
	
	`>>> msg = "Life is too short"`
	`>>> w1, w2, w3, w4 = msg.split()`
	`>>> print(w1)# w1 = 'Life', w2 = 'is', w3 = 'too', w4 = 'short'`
	`>>> XmasDay = "2020/12/25"`
	`>>> year, month, day = XmasDay.split('/')`
	`>>> print(year + "년", month + "월", day + "일")`
	`2020년 12월 25일`

lower()	원본 문자열을 모두 소문자로 바꾼 문자열 복사본을 반환
	
	`>>> a = 'Faith'`
	`>>> b = a.lower()`
	`>>> a`
	`'Faith'`
	`>>> b`
	`'faith'`

upper()	원본 문자열을 모두 대문자로 바꾼 문자열 복사본을 반환
	
	`>>> a = 'Blessed are the poor in spirit.'`
	`>>> b = a.upper()`
	`>>> b`
	`'BLESSED ARE THE POOR IN SPIRIT.'`

islower()	문자열 내의 모든 문자들이 소문자이면, True를 반환
isupper()	문자열 내의 모든 문자들이 대문자이면, True를 반환

메소드	설명

isalpha()	원본 문자열이 숫자와 기호를 제외한 알파벳(영문, 한글 등)으로만 이루어져 있으면, True를 반환
	
	`>>> 'ABCDefgh'.isalpha()`
	`True`
	`>>> '1234ABC'.isalpha()`
	`False`

isnumeric()
isdigit()
	원본 문자열이 숫자로만 이루어져 있으면, True를 반환
	
	`>>> '1234'.isnumeric()`
	`True`
	`>>> '1234ABC'.isdigit()`
	`False`

isalnum()	원본 문자열이 알파벳과 숫자로만 이루어져 있으면, True를 반환
	
	`>>> '1234ABC'.isalnum()`
	`True`
	`>>> '1234 ABC'.isalnum()`
	`False`

isspace()	원본 문자열이 공백문자로만 이루어져 있으면, True를 반환
	
	`>>> '    '.isspace()`
	`True`

swapcase()	대소문자를 상호 변환한 값을 반환
	
	`>>> a = 'Peace'`
	`>>> b = a.swapcase()`
	`>>> b`
	`'pEACE'`

title()	각 단어의 제일 앞 글자만 대문자로 변환한 값을 반환
	
	`>>> a = 'God is love.'`
	`>>> b = a.title()`
	`>>> b`
	`'God Is Love.'`

replace()	원본 문자열에서 찾고자 하는 문자열을 바꾸고자 하는 문자열로 변경한 값을 반환
	
	`>>> a = 'Hello, World'`
	`>>> b = a.replace('World', 'Korea')`
	`>>> a`
	`'Hello, World'`
	`>>> b`
	`'Hello, Korea'`

메소드	설명

startswith()	원본 문자열이 매개변수로 입력한 문자열로 시작되면, True를 반환
	
	``
	>>> a = 'Hello'
	>>> a.startswith('He')
	True
	>>> a.startswith('lo')
	False
	``

endswith()	원본 문자열이 매개변수로 입력한 문자열로 끝나면, True를 반환
	
	``
	>>> a = 'Hello'
	>>> a.endswith('He')
	False
	>>> a.endswith('lo')
	True
	``

join()	원본 문자열의 각 문자 사이에 구분자로 연결한 문자열 반환
	
	``
	>>> s = '%'
	>>> s.join('python')
	'p%y%t%h%o%n'
	``

find()	원본 문자열 안에 매개변수로 입력한 문자열이 존재하는 위치를 앞에서부터 찾아 인데스 값을 반환. 존재하지 않으면 -1을 반환.
	
	``
	>>> a = 'Hello'
	>>> a.find('ll')
	2
	``

find('찾을 문자열', 시작위치)	원본 문자열 안에 매개변수로 입력한 문자열이 존재하는 위치를 시작 위치에서부터 찾아 인덱스 값을 반환. 존재하지 않으면 -1을 반환.
	
	``
	>>> a = 'Hello'
	>>> a.find('l')
	2
	>>> a.find('l', 3)
	3
	``

rfind()	원본 문자열 안에 매개변수로 입력한 문자열이 존재하는 위치를 뒤에서부터 찾아 인덱스 값을 반환. 존재하지 않으면 -1을 반환.
	
	``
	>>> a = 'Hello Hello'
	>>> a.rfind('He')
	6
	>>> a.rfind('HE')
	-1
	``

메소드	설명

count()	원본 문자열 안에 매개변수로 입력한 문자열이 몇 번 들었는지 개수를 반환
	
	``
	>>> a = 'Hello'
	>>> a.count('l')
	2
	``

lstrip()	원본 문자열 왼쪽에 있는 공백을 제거한 문자열을 반환. 문자열 중간의 공백은 제거되지 않음.
	
	``
	>>> ' 파 이 썬 '.lstrip()
	'파 이 썬 '
	``

rstrip()	원본 문자열 오른쪽에 있는 공백을 제거한 문자열을 반환. 문자열 중간의 공백은 제거되지 않음.
	
	``
	>>> ' 파 이 썬 '.rstrip()
	' 파 이 썬'
	``

strip()	원본 문자열 양쪽에 있는 공백을 제거한 문자열을 반환. 문자열 중간의 공백은 제거되지 않음.
	
	``
	>>> ' 파 이 썬 '.strip()
	'파 이 썬'
	``

center(width)	주어진 폭 영역에 가운데 정렬된 문자열의 복사본을 반환
	
	``
	>>> s = 'python'
	>>> s.center(10)
	' python '
	>>> s.center(10, '-')
	'--python--'
	``

ljust(width)	주어진 폭 영역에 왼쪽 정렬된 문자열을 반환
	
	``
	>>> s = 'python'
	>>> s.ljust(10)
	'python '
	``

rjust(width)	주어진 폭 영역에 오른쪽 정렬된 문자열을 반환
	
	``
	>>> s = 'python'
	>>> s.rjust(10)
	' python'
	``

zfill()	주어진 폭 영역에 오른쪽 정렬하고 왼쪽 빈 공간은 0으로 채운 문자열을 반환
	
	``
	>>> s = 'python'
	>>> s.zfill(10)
	'0000python'
	``

1. 아래 프로그램의 실행결과를 쓰시오

   프로그램 코드

   ```
   sentence = "My name is tommy"
   print(sentence[0] + sentence[12:14])
   ```

2. 아래 프로그램의 실행결과를 쓰시오

   프로그램 코드

   ```
   myStr = 'Python is fynny'
   print(str(myStr.count('n') + myStr.find('n') + myStr.rfind('n')))
   ```

3. 두 개의 문장을 입력 받고, 첫 번째 문장에서는 양수 인덱스를 이용한 슬라이싱으로 첫 세 글자를 추출하고 두 번째 문장에서는 음수 인덱스를 이용한 슬라이싱으로 마지막 세 글자를 추출한 후 추출한 글자들을 합쳐서 새로 구성한 문자열 result를 출력하는 프로그램을 작성해보자.

   실행결과 예

   ```
   First sentence: Yonsei University
   Second sentence: Mirae Campus
   Result: Yonpus
   ```

4. 호명 횟수만큼 이름을 호명하는 '후라이팬놀이' 게임을 구현해보자.

실행결과 예

```
호명할 이름을 입력하세요: 연세
호명 횟수를 입력하세요: 4
팅팅 탱탱 후라이팬놀이! 연세4!!
연세연세연세연세
```

5. 입력한 이름에 따라 길이가 맞춰지는 명찰을 만들어보자

실행결과 예

```
Enter your name: Hong Gildong
|--------------|
| Hong Gildong |
|--------------|
```

6. 문자열을 입력하면, 조건에 맞게 출력되는 프로그램을 작성해보자.

   (1) 거꾸로 출력하기

   (2) 짝수 순서를 지우고 공백으로 대체

   (3) 홀수 순서를 지우고 공백으로 대체

실행결과 예

```
Enter String: abcdefg
(1) gfedcba
(2) a c e g
(3)  b d f
```

7. 서울 시간은 미국 LA 시간보다 16시간 빠르다. 서울 시간을 입력하면 LA 시간을 출력하는 프로그램을 작성해보자.

실행결과 예

```
서울 시간을 입력하세요: 10:51
LA 시간은 18시 51분입니다.
```

8. '2021/09/01' 형식으로 날짜를 입력받아 2021년 09월 01일 형식으로 출력하는 프로그램을 작성해보자.

실행결과 예

```
오늘 날짜를 입력하시오: 2021/09/01
2021년 09월 01일
```

9. 사용자로부터 이메일 주소를 입력받아 아이디와 도메인을 구분하는 프로그램을 작성해보자.

실행결과 예

```
Email address: yonsei1234@yonsei.ac.kr
ID: yonsei1234
Domain: yonsei.ac.kr
```

10. 영문 이름을 입력받아 다음과 같은 방식의 계정 id를 생성하는 프로그램을 작성해보자.

- id 생성방식: 이름의 첫 글자들과 성을 연결하여 모두 소문자로 구성된 id 생성
- 입력되는 이름은 항상 3개의 단어로 구성되며 마지막 단어를 성으로 가정함

> **힌트** lower( ) 함수, split( ) 함수, 인덱싱

실행결과 예

```
Enter name: Gil dong Hong
id: gdhong
```

11. 시, 분, 초를 입력받아 초로 출력하는 프로그램을 작성해보자.

실행결과 예

```
Enter time: 10:00:01
36001초
```

12. 사용자로부터 영어 단어를 입력받아 첫 글자는 대문자로 출력하고, 나머지 글자는 소문자로 바꾼 뒤 순서를 거꾸로 출력하는 프로그램을 작성해보자.

> **힌트** upper( ) 함수, lower( ) 함수, 슬라이싱

실행결과 예

```
Enter a word: python
Pnohty
```

```
Enter a word: HELLO
Holle
```

13. 전화번호를 입력 받아 마지막 4자리 수를 각 자릿수의 수만큼 #기호(#)를 출력하여 예시와 같이 출력하는 프로그램을 작성해보자.

> **힌트** split( ) 함수, 문자열 반복 연산 (*)

실행결과 예

```
전화번호 입력: 010-1234-2968        전화번호 입력: 02-1234-5678
2 ##                                5 #####
9 #########                         6 ######
6 ######                           7 #######
8 ########                          8 ########
```

14. 개의 어절로 구성된 문장을 입력받아 단어 중간 공백을 제외한 전체 글자 수와 어절별 평균 글자 수를 구하는 프로그램을 작성해보자. 어절별 평균 글자 수는 반올림하여 소수점 1자리까지 표현하라.

> **힌트** split( ) 함수, len( ) 함수, round( ) 함수

실행결과 예

```
문장: 저는 컴퓨팅 사고를 아주 좋아합니다
전체글자수: 15
평균글자수: 3.8
```

15. 문서작성기의 대표적인 기능인 "찾아서 바꾸기" 기능을 아래의 순서를 따라서 작성해보자.

A. 사용자에게 최대 80문자의 문자열을 입력받도록 한다.

B. 찾을 문자열을 입력받는다.

C. 바꿀 문자열을 입력받는다.

D. 문자열을 찾아서 바꾼 후 결과 문자열을 출력한다.

```
문장을 입력하시오: Great hopes make grate men.
찾을 문자열: grate
바꿀 문자열: great
결과: Great hopes make great men.
```

16. 사용자로부터 문자열을 입력받고 회문인지를 검사하는 함수 check_pal()을 구한하고, 이를 이용하여 회문이면 "회문입니다."를 그렇지 않으면 "회문이 아닙니다"를 출력하는 프로그램을 작성해보자. 회문은 앞으로 읽으나 뒤로 읽으나 동일한 문장을 뜻한다. 예를 들어, "mom", "civic", "dad" 등이 회문의 예이다.

실행결과 예

```
문자열을 입력하시오: dad          문자열을 입력하시오: python
회문입니다.                      회문이 아닙니다.
```

17. 사용자로부터 문장을 입력 받아 해당되는 머리 글자어를 대문자로 출력하는 프로그램을 작성해보자. 머리 글자어는 WWW(World Wide Web)처럼 각 단어의 첫 글자를 모아서 만든 문자열이다.

실행결과

```
문자열을 입력하시오: World wide Web
WWW
```

18. 문자열을 입력받아 단어별로 글자를 뒤집어서 출력하는 프로그램을 작성해보자.

실행결과

```
문자열을 입력하시오: This is an example!
sihT si na !elpmaxe
```

9.2 | 리스트

리스트(List)는 여러 개의 데이터를 순서대로 저장하고 관리(변경/제거/추가)해야 할 때 사용할 수 있는 대표적인 자료형이다. 리스트는 어떠한 자료형도 요소값으로 가질 수 있으며, 요소들의 자료형이 모두 달라도 상관없다. 문자열과는 달리 리스트는 생성하고 난 후, 새로운 요소를 추가하거나 기존에 있던 요소를 제거 및 변경하는 것이 가능한 mutable 자료형이다. 문자열과 마찬가지로 리스트 내의 요소는 순서를 가지므로 인덱싱과 슬라이싱이 가능하다. 리스트를 생성하는 방법, 인덱싱과 슬라이싱을 이용하는 방법, 리스트 연산과 메소드에 대해서 살펴보도록 하자.

리스트 생성

여러 요소를 가진 리스트 생성

리스트를 생성하는 기본형식은 다음과 같다.

> **리스트_변수명 = [요소1, 요소2, 요소3, ...]**

대괄호 []를 사용하여, 대괄호 내에 값과 값 사이에 쉼표(,)로 구분하여 나열해서 생성할 수 있다. 아래 코드처럼 리스트는 서로 다른 자료형의 원소를 가질 수 있다.

```
>>> list1 = [2, 3, 4]      # [ ] 안에 값을 나열하고 값과 값 사이에 쉼표를 찍음
>>> list2 = [2, 'a', [4, 'b']]      # 서로 다른 타입의 원소를 가질 수 있음
```

list() 함수를 이용하는 방법도 있다. list() 함수에 파라미터로 주어진 값을 리스트의 원소로 변환하여 리스트로 생성해준다. 다음 코드를 실행해보자.

```
>>> list3 = list("abcd")
>>> print(list3)
['a', 'b', 'c', 'd']
```

문자열의 각 문자를 리스트의 각 요소로 저장해서 문자열을 리스트로 변환시켜준다.

비어있는 리스트 생성

항목이 하나도 없는 비어있는 리스트를 생성하는 방법은 다음과 같이 두 가지의 방법을 사용할 수 있다.

```
❶ 리스트_변수명 = []
❷ 리스트_변수명 = list()
```

대괄호 내에 값을 하나도 없이 비워둔 채로 작성하거나 list() 함수에 파라미터를
부여하지 않으면 빈 리스트가 만들어진다.

다양한 리스트 생성 방법

문자열 분리 메소드인 split() 메소드는 분리된 문자열을 리스트의 각 원소로 저장
해서 리스트로 반환해준다. 다음 코드를 살펴보자.

```
>>> people = "연세 미래 자유".split()
>>> print(people)
['연세', '미래', '자유']
>>> phone = "010-1234-5678".split("-")
>>> print(phone)
['010', '1234', '5678']
```

또 다른 방법으로 range() 함수를 이용하여 규칙을 가진 증감하는 수열 리스트를
생성할 수 있다. 1, 2, 3, ..., 100의 100개의 항목을 가지는 리스트를 만들기 위해
100개의 값을 일일이 대괄호 안에 나열하는 것은 매우 번거롭다. 이와 같은 경우
range() 함수를 이용하면 매우 간단하게 생성할 수 있다. range() 함수는 기본적으
로 시작값, 종료값, 증감값의 3개의 파라미터를 사용한다. 시작값부터 종료값-1의
값까지 증감값 크기로 수열을 생성해준다. 슬라이싱의 [start: end: step]과 유사
하게 시작값과 증감값은 생략이 가능하나 종료값은 생략될 수 없다. 시작값이 생략
되면 기본값으로 0, 증감값이 생략되면 기본값으로 1로 동작한다.

```
>>> list1 = list(range(1, 11, 1)) # 1부터 시작하여 1씩 증가, 종료값이 11이므로 10까지 생성
>>> print(list1)
[1, 2, 3, 4, 5, 6, 7, 8, 9, 10]
>>> list3 = list(range(1, 10, 2))  # 1부터 시작하여 2씩 증가, 종료값이 10이므로 9까지 생성
>>> print(list2)
[1, 3, 5, 7, 9]
>>> list3 = list(range(5))          # range(0, 5, 1)과 동일
>>> print(list3)
[0, 1, 2, 3, 4]
>>> list4 = list(range(10, 0, -2)) # 10부터 시작하여 2씩 감소, 종료값이 0이므로 2까지 생성
>>> print(list4)
[10, 8, 6, 4, 2]
```

인덱싱과 슬라이싱

리스트 인덱싱

리스트 인덱싱은 문자열 인덱싱과 동일하게 이해할 수 있다. 리스트에 들어있는 항목들은 순서대로 나열된 것이므로 인덱스라고 하는 정수형의 위치 번호를 통해 리스트_변수명[인덱스] 형식으로 사용할 수 있다. 인덱스는 양의 정수 또는 음의 정수를 사용할 수 있다. 문자열 인덱싱에서와 마찬가지로 양수 인덱스 번호는 1이 아니라 0부터 시작한다는 것을 주의하자. 양수 인덱스는 항상 0부터 시작하므로 리스트의 마지막 항목의 인덱스 번호는 (리스트의 크기 -1)의 값과 같다. 음수 인덱스 번호를 사용할 경우, 마지막 항목의 인덱스 번호는 항상 -1이 된다. 따라서, 리스트의 첫 번째 항목의 음수 인덱스 번호는 -(리스트의 크기) 값과 같다.

```
>>> number = [10, 20, 30, 40, 50, 60]
>>> numbers[4]                        # positive indexing
50
>>> numbers[len(numbers)-1]           # numbers[5]1
60
>>> numbers[-2]                       # negative indexing
50
```

numbers라는 변수에 [10, 20, 30, 40, 50, 60]이라는 리스트를 저장하게 되면 다음과 같이 각 항목의 양수, 음수 인덱스 번호를 사용하여 항목의 값을 참조할 수 있다.

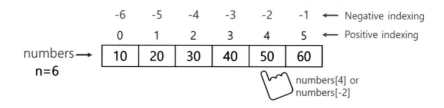

인덱싱을 이용하여 값을 참조할 경우, 반드시 범위 내의 값을 이용해야 하며, 인덱스 번호는 정수형이어야 한다. 인덱스 범위를 벗어난 값을 사용하거나 정수형이 아닌 값을 인덱스 번호로 사용하게 되면 다음과 같이 에러가 발생하게 된다.

```
>>> numbers[6]     # 인덱스 범위를 벗어난 인덱스 번호 사용
IndexError: list index out of range
>>> numbers[4.0]   # 정수형이 아닌 실수형 인덱스 번호 사용
TypeError: list indices must be integers or slices, not float
```

복잡한 리스트 인덱싱

리스트의 항목으로 수치자료형, 논리자료형과 같이 단일값을 가지는 자료형이 아니라 문자열, 리스트와 같은 여러 항목을 값으로 가지는 군집 자료형일 경우 다음과 같이 인덱싱을 적용할 수 있다. 다음 예제를 통해 이해해보자.

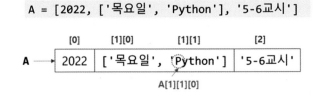

```
A[0]        # 2022                    B = A[1]       # ['목요일', 'Python']
A[1]        # ['목요일', 'Python']    B[0]           # '목요일'
A[1][0]     # '목요일'                B[1]           # 'Python'
A[1][1]     # 'Python'                B[1][0]        # 'P' (문자열 인덱싱)
A[1][1][0]  # 'P' (문자열 인덱싱)     C = B[1]       # 'Python'
A[2]        # '5-6교시'.              C[0]           # 'P' (문자열 인덱싱)
```

인덱싱을 이용한 리스트 원소 수정

리스트는 문자열과는 달리 항목의 값을 변경하는 것이 가능하다. 인덱싱을 이용하여 해당 위치에 있는 항목의 값을 다음과 같이 변경할 수 있다.

```
gold = [0, 4, 5, 0, 1, 1, 5, 4, 4, 1]

# 항목의 값 수정하기
gold[1] = 6              # a[1]의 값으로 수정
print(gold)             # [0, 6, 5, 0, 1, 1, 5, 4, 4, 1]
```

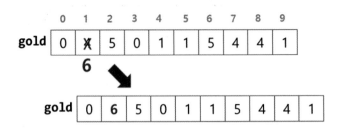

리스트 슬라이싱

리스트 슬라이싱도 문자열 슬라이싱과 동일하게 이해할 수 있다. 리스트에서 관심 있는 특정 항목들만 추출하여 새로운 리스트로 반환해준다. 슬라이싱을 이용하는

방법은 다음과 같다.

$$\boxed{\text{리스트\_변수명 [start : end : step]}}$$

인덱싱과 마찬가지로 대괄호 []를 사용하지만 대괄호 안에 콜론을 두고 세 가지의 값을 지정해주는 점이 다르다. 대괄호 안에서 start와 end 값은 슬라이싱의 시작 인덱스와 끝 인덱스를 지정한다. 이때, 주의할 점은 end로 지정한 인덱스는 포함되지 않고 end-1 인덱스까지 지정된다는 것이다.

마지막 값 step은 슬라이싱 범위 내에서 항목을 추출하는 간격을 의미한다. step의 값이 양수일 경우 인덱스를 start부터 end-1까지 step씩 증가하며 리스트의 항목을 추출한다. 이때 start를 생략하면 기본값을 0으로, end를 생략하면 리스트의 마지막 항목까지를 슬라이싱의 범위로 설정해야하므로 기본값을 리스트의 크기로, step을 생략하면 기본값을 1로 지정하게 된다.

step의 값이 음수일 경우 인덱스를 start부터 end+1까지 |step|씩 감소하며 리스트의 항목을 추출한다. 이때 start를 생략하면 리스트의 마지막 항목부터 슬라이싱을 시작해야하므로 기본값을 -1로, end를 생략하면 리스트의 첫 번째 항목까지를 슬라이싱의 범위로 설정해야하므로 기본값을 -(리스트의 크기)-1로 지정하게 된다. step의 값이 0인 경우에는 오류가 발생한다. 아래 코드를 통해 리스트 슬라이싱을 살펴보자.

step>0인 경우

```
A[2:5:1]    # [2, 3, 4]          A[2:5]와 동일
A[:5]       # [0, 1, 2, 3, 4]    A[0:5:1]과 동일
A[4:]       # [4, 5, 6, 7, 8]    A[4:9:1]과 동일
A[:6:2]     # [0, 2, 4]          A[0], A[2], A[4]를 선택
A[1:7:2]    # [1, 3, 5]          A[1], A[3], A[5]를 선택
A[4:-1]     # [4, 5, 6, 7]       A[4:8]과 동일
A[4:4]      # []                 빈 리스트
A[4:5]      # [4]
# 비교
A[4]        # 4                  인덱싱을 이용한 원소 참조, 슬라이싱 아님
```

대괄호 [] 안에 정수값 하나만 사용되면, 슬라이싱이 아니라 인덱싱을 이용한 원소 참조가 됨을 유의하자.

step의 값이 음수인 경우의 예제도 살펴보자.

```
step<0인 경우
A[::-1]           # [8, 7, 6, 5, 4, 3, 2, 1, 0]    A[-1:-10:-1]과 동일
A[::-4]           # [8, 4, 0]
A[7:2:-2]         # [7, 5, 3]           인덱스 7부터 2씩 감소
A[-3:-7:-2]       # [6, 4]              A[6:2:-2]와 동일
A[5:-12:-2]       # [5, 3, 1]           A[5::-2]와 동일
A[14:-5:-2]       # [8, 6]              A[:4:-2]와 동일
A[13:-12:-4]      # [8, 4, 0]           A[::-4]와 동일
A[-9:-11:-2]      # [0]                 A[0::-2]와 동일
A[-8:-5:-1]       # []                  start > end가 아니므로 빈 리스트 생성
A[16:12:-2]       # []                  범위 밖
```

리스트 슬라이싱을 이용하여 리스트 항목을 제거, 교체, 추가하는 작업을 수행할 수 있다. 대입연산자의 왼쪽 항에 슬라이싱, 오른쪽 항에 리스트를 줌으로써 제거, 교체, 추가를 할 수 있다.

슬라이싱을 이용한 항목 제거

대입연산자의 왼쪽 항에 슬라이싱을 두고, 오른쪽 항에 빈 리스트를 준다. 슬라이싱으로 추출된 항목을 빈 리스트로 대입함으로써 항목을 제거하는 동작이 된다. 아래 코드를 통해 이해해보자.

```
(a) A[1:3] = []    # [0, 1, 2, 3, 4] => [0, 3, 4]
                            A[1], A[2] 제거 (좌변이 슬라이싱이면 우변에 리스트)
(b) A[0] = []      # [0, 3, 4] => [[], 3, 4]    A[0]의 값을 []로 변경 (슬라이싱 아님)
(c) A[:] = []      # 모든 항목 삭제              모든 원소를 제거하고 빈 리스트로 만듦
```

(a)와 같이 대입연산자의 왼쪽 항에 슬라이싱, 오른쪽 항에 빈 리스트([])가 올 경우 해당 항목에 대한 제거가 수행된다. (b)처럼 슬라이싱이 아닌 인덱싱일 경우 항목의 제거가 아니라 값의 변경으로 수행됨을 알 수 있다. 리스트의 모든 항목을 제거하고 빈 리스트로 만들고 싶다면, (c)처럼 리스트의 전체 항목을 추출하는 슬라이싱을 대입연산자의 왼쪽 항으로 두면 된다.

슬라이싱을 이용한 항목 변경

슬라이싱을 이용하여 항목의 값을 변경할 때, 대입연산자의 오른쪽 항에는 반드시 리스트가 와야 한다. 연속된 범위의 값 변경시에는 슬라이싱으로 참조된 항목의 개수보다 오른쪽 항에 주어진 리스트의 항목의 개수가 많더라도 주어진 값으로 변경이 가능하다. 하지만, 연속된 범위가 아닌 값 변경시에는 반드시 항목의 개수가 일치해야 한다. 아래 코드를 통해 이해해보자.

```
           0   1   2   3   4
  List A  │ 0 │ 1 │ 2 │ 3 │ 4 │
```

```
(a) A[1::2] = [9]          # error (좌변과 우변의 항목의 수가 맞지 않음)
(b) A[1::2] = [9, 9, 9]    # error (좌변과 우변의 항목의 수가 맞지 않음)
(c) A[1::2] = [9, 9]       # [0, 1, 2, 3, 4] => [0, 9, 2, 9, 4]
                           # 홀수 인덱스 원소의 값을 모두 9로 교체 (item의 수가 같아야 함)
(d) A[1:3] = [1]           # [0, 9, 2, 9, 4] => [0, 1, 9, 4]
                           # A[1], A[2]의 값을 1로 교체
(e) A[2:3] = [5, 6]        # [0, 1, 9, 4] => [0, 1, 5, 6, 4]
                           # A[2]를 5, 6으로 교체
(f) A[2:3] = 5             # error (우변은 반드시 리스트가 와야 함)
(g) A[3:] = [8, 9, 10]     # [0, 1, 5, 6, 4] => [0, 1, 5, 8, 9, 10]
                           # A[3]~마지막 원소를 8, 9, 10으로 교체
```

(a)~(c)의 경우 슬라이싱으로 주어진 값은 연속된 항목의 값이 아니므로 대입연산자의 오른쪽 항으로 주어진 리스트의 값으로 변경되려면 항목의 개수가 일치해야 한다. (a)와 (b)는 좌변과 우변의 항목의 수가 일치하지 않아 에러가 발생하게 된다. (c)와 같이 항목의 개수가 일치할 경우 해당 위치의 항목값들을 우변에 주어진 리스트의 항목값으로 변경된다. (d), (e), (g)의 경우 슬라이싱으로 주어진 범위가 연속된 값일 경우 우변에 주어진 리스트의 항목의 개수가 일치하지 않더라도 변경이 이루어진다. 하지만 (f)처럼 리스트가 아닌 단일 값이 오게 되면 에러가 발생한다. 우변에는 반드시 리스트가 주어져야 한다.

슬라이싱을 이용한 항목 추가

슬라이싱을 이용한 항목 추가시, 슬라이싱의 start 인덱스와 end 인덱스의 값을 같게 주면 해당 인덱스 위치에 대입연산자의 우변에 주어진 리스트를 끼워넣게 된다. 우변에는 반드시 리스트가 주어져야 한다. 아래 코드를 통해 이해해보자.

```
          0   1   2   3   4
List A   | 0 | 1 | 2 | 3 | 4 |
```

```
A[1:1] = ['a', 'b']         # [0, 1, 2, 3, 4] => [0, 'a', 'b', 1, 2, 3, 4]
                            # 인덱스 1에 'a', 'b' 추가 (끼워넣기)
A[1:1] = [['A', 'B']]
  # [0, 'a', 'b', 1, 2, 3, 4] => [0, ['A', 'B'], 'a', 'b', 1, 2, 3, 4]
                          # 인덱스 1에 ['A', 'B'] 추가 (끼워넣기)
A[5:5] = [5]                # [0, ['A', 'B'], 'a', 'b', 1, 2, 3, 4]
                            # => [0, ['A', 'B'], 'a', 'b', 1, 5, 2, 3, 4]
                            # A[5]의 5 추가 (끼워넣기)
A[5:5] = 5                  # error (우변은 반드시 리스트가 와야 함)
A[len(A):len(A)] = [10]  # [0, ['A', 'B'], 'a', 'b', 1, 2, 5, 3, 4]
   # => [0, ['A', 'B'], 'a', 'b', 1, 2, 5, 3, 4, 10]
                          # 리스트 끝에 새 원소 A[9]를 추가
```

리스트 연산

문자열과 마찬가지로 리스트에서도 연결 연산, 반복 연산, membership 연산이 제공된다.

연결 연산자(+, Concatenation operator)

+ 연산자는 산술연산자의 더하기 연산자(+)와 모양이 같으나 피연산자가 리스트일 경우 연결 연산자로 동작한다. 리스트에서 + 연산자는 두 리스트를 연결하여 새로운 리스트를 생성한다. 다음 코드를 실행해보자. 리스트 [1, 3, 5]와 리스트 [2, 4, 6]을 연결하여 새로운 리스트 [1, 3, 5, 2, 4, 6]을 생성한다.

```
>>> L1 = [1, 3, 5]
>>> L2 = [2, 4, 6]
>>> L3 = L1 + L2            # 리스트 L1과 L2를 연결한 리스트 반환
>>> print(L3)
[1, 3, 5, 2, 4, 6]
```

반복 연산자(*, repetition operator)

* 연산자는 산술연산자의 곱하기 연산자(*)와 모양이 같으나 피연산자가 리스트일 경우 반복 연산자로 동작한다. 리스트에서 * 연산자는 리스트를 지정한 횟수만큼 반복하여 새로운 리스트 생성한다. 다음 코드를 실행해보자. 리스트 [1, 3, 5]를 3번 반복하여 새로운 리스트 [1, 3, 5, 1, 3, 5, 1,3, 5]를 생성한다. 리스트가 * 연산자의 오른쪽에 와도 무방하다.

```
>>> L1 = [1, 3, 5]
>>> L2 = L1 * 3          # 리스트 L1을 3회 반복한 리스트 반환
>>> print(L2)
[1, 3, 5, 1, 3, 5, 1, 3, 5]
```

Membership 연산자

리스트에서 특정 항목이 존재하는지 또는 존재하지 않는지를 확인하고 싶을 때 사용할 수 있는 연산자이다. in 연산자는 리스트에서 찾고자 하는 항목이 존재하면 참(True), 존재하지 않으면 거짓(False)를 반환한다. not in 연산자는 in 연산자와는 반대로 리스트에서 찾고자 하는 항목이 존재하지 않으면 참(True), 존재하면 거짓(False)를 반환한다. 다음 코드를 실행해보자.

```
>>> A = [1, 3, 5, 7, 9]
>>> 3 in A
True
>>> 6 in A
False
>>> 2 not in A
True
>>> 5 not in A
False
```

리스트 메소드

파이썬에서는 리스트를 편리하게 다룰 수 있는 다양한 메소드들을 제공해준다. 리스트 메소드의 종류는 다음과 같다. 대부분의 메소드들은 슬라이싱을 사용하여 동일하게 동작하도록 직접 코딩하는 것도 가능하지만, 메소드를 이용하면 훨씬 쉽게 작성할 수 있다. 아래 표를 참고하여 다양한 메소드들을 익혀서 필요할 때 잘 활용하도록 하자.

메소드	설명(x: 리스트, a: 임의의 object)
x.append(a)	데이터 a를 리스트 x의 끝에 추가
x.extend(L)	리스트 L의 모든 원소를 리스트 x의 마지막에 추가
x.insert(i, a)	a를 리스트 x의 인덱스 i에 추가
x.remove(a)	리스트 x에서 원소 값이 데이터 a인 첫 원소 제거 (반환 값 없음)
x.pop()	리스트 x의 마지막 원소 제거 및 반환
x.pop(i)	리스트 x의 인덱스 i의 요소를 제거하고 그 값을 반환
x.clear()	리스트 x의 모든 원소를 삭제 (빈 리스트가 됨)
x.index(a)	리스트 x에서 원소 값이 a인 첫 번째 원소의 인덱스를 반환
x.count(a)	리스트 x에서 a 값과 같은 원소의 개수를 반환
x.sort()	x의 원소들을 오름차순으로 정렬 내림차순으로 정렬하려면 x.sort(reverse=True) 사용
x.reverse()	x의 원소들을 역으로 재배치 (정렬과 다름)
x.copy()	a shallow copy of the list (y = x[:]와 동일)

메소드를 활용한 리스트에 항목 추가하기

리스트 맨 뒤에 항목 추가하기: append(a) 메소드

리스트 x의 맨 뒤에 항목 a를 추가할 경우, x.append(a)를 이용하여 하나의 항목을 리스트 맨 끝에 추가한다. 슬라이싱을 이용한 항목 추가로 x[len(x):len(x)] = a와 동일하게 동작한다.

```
>>> x = [1, 2, 3, 4]
>>> x.append(5)        # 항목 5를 리스트 맨 끝에 추가. x[len(x):len(x)] = [5]
>>> print(x)
[1, 2, 3, 4, 5]
```

리스트의 특정 위치에 항목 추가하기: insert(i, a) 메소드

리스트 x의 특정 위치 i에 항목 a를 추가할 경우, x.insert(i, a)를 이용할 수 있다. 슬라이싱을 이용할 경우 x[i:i] = a로 코딩할 수 있다.

```
>>> x = [1, 2, 3, 4];
>>> x.insert(2, 10)            # 항목 10을 인덱스 2에 추가. x[2:2] = [10]
>>> print(x)
[1, 2, 10, 3, 4]
```

다른 리스트의 모든 항목을 끝에 추가하기: extend(L) 메소드

리스트 L의 모든 요소를 리스트 x의 끝에 추가할 경우, x.extend(L)를 이용할 수 있다. 이때, extend의 인수는 리스트만 가능하다. 리스트 x와 리스트 L의 연결 연산과 동일하다고 볼 수 있다. 슬라이싱을 이용할 경우 x[len(x):len(x)] = L로 코딩할 수 있다.

```
>>> x = [1, 2, 3, 4]
>>> L = ['a', 'b']
>>> x.extend(L)
        # L의 요소 'a', 'b'를 끝에 추가. x[len(x):len(x)] = L or x += L
>>> print(x)
[1, 2, 3, 4, 'a', 'b']
>>> x.extend(6)          # error (extend()의 인수는 리스트만 가능)
```

메소드를 활용한 리스트 항목 제거하기

리스트의 맨 마지막 항목을 반환하고 제거하기: pop() 메소드

리스트 x의 맨 마지막 항목을 반환하고 제거할 경우 x.pop()을 이용할 수 있다. 슬라이싱을 이용할 경우 x[len(x)-1:] = []로 코딩할 수 있다.

```
>>> x = [1, 3, 5, 7, 1, 3, 5, 7]
>>> a = x.pop()
        # 마지막 항목을 제거 및 반환. a = x[-1]; x[len(x)-1:] = []
>>> print(a, x)
7 [1, 3, 5, 7, 1, 3, 5]
```

리스트의 특정 위치에 있는 항목을 반환하고 제거하기: pop(i) 메소드

리스트 x에서 특정 위치 i에 있는 항목을 반환하고 제거할 경우 x.pop(i)을 이용할 수 있다. 슬라이싱을 이용할 경우 x[i:i+1] = []로 코딩할 수 있다.

```
>>> x = [1, 3, 5, 7, 1, 3, 5, 7]
>>> b = x.pop(2)     # 인덱스 2번 원소를 제거 및 반환. b = x[2]; x[2:3] = []
>>> print(b, x)
5, [1, 3, 7, 1, 3, 5, 7]
```

리스트에서 항목의 값을 찾아 제거하기: remove(a) 메소드

리스트 x에서 항목의 값이 a인 항목을 제거할 경우 x.remove(a)를 이용할 수 있다. 항목 a가 여러 개 있으면 맨 처음에 발견한 항목을 제거한다.

```
>>> x = [1, 3, 5, 7, 1, 3, 5, 7]
>>> x.remove(7)            # [1, 3, 5, 7, 1, 3, 5, 7] 첫 번째 7 제거
[1, 3, 5, 1, 3, 5, 7]
```

리스트의 모든 항목을 제거하기: clear() 메소드

리스트 x의 모든 항목을 제거하고 빈 리스트로 만들 경우 x.clear()를 이용할 수 있다. 슬라이싱을 이용할 경우 x[:] = []로 코딩할 수 있다.

```
>>> x = [1, 3, 5, 7, 1, 3, 5, 7]
>>> x.clear()          # 리스트 x의 모든 원소를 제거하고 빈 리스트가 됨. x[:] = []
>>> print(x)
[]
```

메소드를 활용한 리스트에서 항목의 위치 탐색과 개수 세기

리스트에서 항목의 위치 찾기: index(a) 메소드

리스트 x에서 항목 a의 위치, 즉 인덱스 번호를 찾을 경우 x.index(a)를 이용할 수 있다. 같은 항목이 여러 개 있으면 가장 앞에 있는 항목의 인덱스 번호를 반환한다.

리스트에서 항목의 개수 세기: count(a) 메소드

리스트 x에서 항목 a의 개수를 셀 경우 x.count(a)를 이용할 수 있다.

```
            0    1    2    3    4    5    6    7    8    9    10
>>> L = ['P', 'r', 'o', 'g', 'r', 'a', 'm', 'm', 'i', 'n', 'g']
>>> L.index('o')
2
>>> L.index('g')      # 데이터가 여러 개이면 첫 번째 데이터의 인덱스 반환
3
>>> L.count('b')
0
>>> L.count('r')
2
```

메소드를 활용한 리스트 항목 정렬과 역순 재배치

리스트의 항목 크기순으로 정렬하기: sort() 메소드

리스트 x의 항목들을 오름차순으로 정렬할 경우 x.sort()를 이용할 수 있다. 내림차순으로 정렬 시, sort() 메소드의 reverse 인수의 값을 True로 설정하여 x.sort(reverse=True)로 사용하면 된다. 항목의 값이 문자열일 경우 사전순으로 크기 비교를 하게 된다. sort() 메소드는 리스트의 항목들이 서로 크기 비교가 가능할 때에만 동작한다. 만약, 크기를 서로 비교할 수 없는 항목들로 구성된 리스트일 경우 sort() 메소드를 사용하면 에러가 발생한다.

```
>>> a = [4, 5, 1, 3, 2]
>>> a.sort()                     # 오름차순으로 정렬
>>> print(a)
[1, 2, 3, 4, 5]
>>> b = [1, 3, 5, 4, 2]
>>> b.sort(reverse=True)         # 내림차순으로 정렬
>>> print(b)
[5, 4, 3, 2, 1]
>>> c = ['banana', 'peach', 'apple', 'orange']
>>> c.sort()                     # 문자열은 사전식 순서가 오름차순
>>> print(c)
['apple', 'banana', 'orange', 'peach']
>>> d = [4, 2, 'banana']         # 항목 간 대소비교 불가
>>> d.sort()
TypeError: '<' not supported between instances of 'str' and 'int'
```

리스트의 항목을 역순으로 재배치하기: reverse() 메소드

리스트 x의 항목 순서를 역순으로 재배치할 경우 x.reverse() 메소드를 이용할 수 있다. 이 경우 단순히 항목의 순서만 역순으로 바꿔줄 뿐 정렬을 하는 것은 아니다. 슬라이싱을 이용할 경우 x = x[::-1]로 코딩할 수 있다.

```
>>> x = [1, 3, 5, 4, 2]
>>> x.reverse()                  # 역순으로 바꾸기. x = x[::-1]
>>> print(x)
[2, 4, 5, 3, 1]
```

리스트 관련 내장함수

파이썬에서는 리스트를 편리하게 다룰 수 있는 다양한 내장함수들을 제공해준다. 리스트와 관련된 내장함수의 종류는 다음과 같다. 메소드뿐만 아니라 내장함수도 유용하게 사용되므로 잘 익혀두도록 하자.

함수	설명(인수 x: 리스트)
del x	x의 특정 원소, 일부, 또는 리스트 자체를 삭제
all(x)	x의 모든 원소가 True (i.e. != 0) 또는 x가 빈 리스트이면 True 반환
any(x)	x에 True인 (i.e. != 0)인 원소가 한 개라도 있거나 x가 빈 리스트이면 True 반환
len(x)	x의 원소 개수 반환
list(y)	Iterable한 y를 리스트로 변환하여 반환
max(x)	x의 원소 중 최댓값 반환 (비교불가이면 TypeError)
min(x)	x의 원소 중 최솟값 반환 (비교불가이면 TypeError)
sorted(x)	x의 원소를 정렬한 리스트 반환 x는 불변이고 오름차순 또는 내림차순으로 정렬 (내림차순: sorted(x, reverse=True))
sum(x)	x의 원소 합을 반환 (더할 수 없으면 TypeError)

1. 1부터 7까지 저장되어 있는 리스트를 만든 후 리스트 내에 있는 최댓값과 최소값을 구하는 프로그램을 작성해보자.

> **힌트** max( ) 함수, min( ) 함수

실행결과 예

```
max: 7 , min: 1
```

2. 실행결과와 같이 실행되도록 빈 칸에 적절한 코드를 채워 프로그램을 완성하시오. 반드시 리스트의 인덱싱을 이용한 코드로 작성하시오.

프로그램 코드

```
myList = [[1, 2, 3, 4,], [5, 6, 7, 8], [9, 10, 11, 12]]
print("(1) Result:", _____ )
print("(2) Result:", _____ )
print("(3) Result:", _____ )
```

실행결과

```
(1) Result: 1
(2) Result: 8
(3) Result: [9, 10, 11, 12]
```

3. 비어있는 리스트를 만들고, 키보드로부터 5개의 정수 데이터를 입력받은 다음에 차례로 리스트에 추가하고, 리스트 내용을 출력한 후, 평균(소수점 1자리까지)을 계산하여 출력해보자.

> **힌트** append( ) 메소드

```
Enter 5 integers: 10
Enter 5 integers: 20
Enter 5 integers: 30
Enter 5 integers: 40
Enter 5 integers: 50
[10, 20, 30, 40, 50]
평균: 30.0
```

4. 주어진 리스트 [10.0, 9.0, 8.3, 7.1, 3.5, 9.0]에서 최소값과 최대값을 제거한 후, 남아있는 값들의 평균값을 출력하도록 하는 프로그램을 작성해보자.

실행결과 예

```
최소값, 최대값 제거전: [10.0, 9.0, 8.3, 7.1, 3.5, 9.0]
최소값, 최대값 제거후: [9.0, 8.3, 7.1, 9.0]
평균값: 8.35
```

5. 한 회사의 차 라인업을 모두 입력하려고 한다. 회사에서 개발한 차종은 나온 순서대로 다음과 같을 경우, (1)~(4)를 수행하는 프로그램을 작성해보자.

   • carList = ["Gene", "Lex", "Infini", "Lambor", "Linc"]

   (1) 이 회사의 차종에 "Merce"를 추가하라.

   (2) "Lex" 차종이 단종되었다. 자료에서 이것을 삭제하라.

   (3) "Gene" 2022년형이 새로 추가되었다. 자료에서 이것을 추가하라.

   (4) 두 번째부터 네 번째까지 개발한 모델까지 찾아서 출력하라.

실행결과 예

```
현재 차종: ['Gene', 'Lex', 'Infini', 'Lambor', 'Linc']
(1) Merce차종 추가: ['Gene', 'Lex', 'Infini', 'Lambor', 'Linc', 'Merce']
(2) Lex 차종 단종: ['Gene', 'Infini', 'Lambor', 'Linc', 'Merce']
(3) Gene 2021년형 추가: ['Gene', 'Infini', 'Lambor', 'Linc',
                        'Merce', 'Gene-2022']
(4) 두 번째부터 네 번째까지 개발한 모델: ['Infini', 'Lambor', 'Linc']
```

6. 학생들의 리스트를 만들고, 아래 실행 예시처럼 출력하는 프로그램을 작성해보자. 학생이 3명[이익준, 안정원, 김준완]인 과에 채송하가 편입을 했다.

   (1) "채송하"를 리스트에 추가하라.

   (2) 동명이인 이익준이 새로 편입하여 "이익준" 뒤에 "이익준"을 추가하라.

   (3) "이익준"이 몇 명인지 구해보아라.

   (4) "김준완"이 다른 과로 전과를 하였다. "김준완"을 찾아 삭제하라.

   (5) 현재 리스트에서 두 번째 학생이 자퇴를 하였다. 두 번째 학생을 삭제하라.

   (6) 현재 출석부를 내림차순으로 정렬하라.

   실행결과 예

   ```
   (1)=> ['이익준', '안정원', '김준완', '채송하']
   (2)=> ['이익준', '이익준', '안정원', '김준완', '채송하']
   (3)=> 2
   (4)=> ['이익준', '이익준', '안정원', '채송하']
   (5)=> ['이익준', '안정원', '채송하']
   (6)=> ['채송하', '이익준, '안정원']
   ```

7. 사용자로부터 숫자 월을 입력 받아 그것에 대한 영문 이름을 출력하는 코드를 작성해보자.

   - 영문이름의 월: 1월부터 January, February, March, April, May, June, July, August, September, October, November, December

   실행결과 예

   ```
   월을 입력하세요: 12
   12월은 December입니다.
   월을 입력하세요: 5
   5월은 May입니다.
   ```

8. 숫자를 입력받고, 그 숫자 안에 1부터 9까지의 수가 각각 몇 개 있는지 구하는 프로그램을 작성해보자.

```
숫자를 입력하세요: 112345
0 1 2 3 4 5 6 7 8 9
0 2 1 1 1 1 0 0 0 0
```

9. 문자열을 입력받아 두 글자씩 잘라서 배열에 담아 출력하는 프로그램을 작성해보자. 단, 문자수가 홀수이면 마지막에 "_"를 더해서 짝수로 맞추시오.

실행결과

```
문자열을 입력하시오: abcdefgi
['ab', 'cd', 'ef', 'gi']
문자열을 입력하시오: abcde
['ab', 'cd', 'e_']
```

10. 다음은 영화 흥행순위 TOP5과 누적 관객수를 보여준다. 영화 제목을 movie_rank 이름의 리스트로 저장한 후, 실행결과와 같이 실행되도록 프로그램을 작성해보자.

[영황 흥행순위 TOP5]	
1	모가디슈
2	블랙위도우
3	분노의질주: 더 얼티메이트
4	싱크홀
5	귀멸의칼날: 무한열차편편

(1) movie_rank에 "굿윌헌팅"을 추가하시오.

(2) "블랙위도우"의 위치를 찾고, 블랙위도우 뒤에 "추격자"를 추가하시오.

(3) 리스트에서 "싱크홀"을 삭제하라. 현재 리스트에서 "싱크홀" 항목의 위치를 모른다고 가정하자.

실행결과

```
(1) Result: ['모가디슈', '블랙위도우', '분노의질주: 더 얼티메이트', '싱크홀',
    '귀멸의칼날: 무한열차편', '굿윌헌팅']
(2) Result: ['모가디슈', '블랙위도우', '추격자', '분노의질주: 더 얼티메이트',
    '싱크홀', '귀멸의칼날: 무한열차편', '굿윌헌팅']
(3) Result: ['모가디슈', '블랙위도우', '추격자', '분노의질주: 더 얼티메이트',
    '귀멸의칼날: 무한열차편', '굿윌헌팅']
```

딕셔너리(Dictionary)는 사전이라는 의미처럼 사전에서 단어와 단어에 대한 설명이 짝을 이루고 있는 것과 같이 대응 관계를 나타낼 수 있는 자료형이다. 연락처럼 이름과 전화번호가 쌍을 이루고 있는 경우 다음과 같은 Tel이라는 딕셔너리로 구성할 수 있다. 이름이 key값이 되고 해당 key에 대응하는 전화번호가 value가 되어 쌍을 이루고 있다. 이처럼 딕셔너리의 각 항목은 key와 value로 쌍을 이루고 있다. 딕셔너리의 각 항목은 리스트와는 달리 순서 개념이 없다. 따라서, 딕셔너리는 인덱싱과 슬라이싱이 적용되지 않는다.

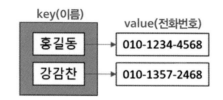

딕셔너리 생성

딕셔너리는 중괄호 { }를 사용하여 항목들을 입력한다. 각 항목은 key:value의 쌍으로 입력한다. 딕셔너리를 생성하는 형식은 다음과 같다.

사전명 = {key1:value1, ,key2:value2, key3:value3, ...}

각 항목의 key 값은 중복되는 값을 사용할 수 없으며 정수, 실수, 문자열, 튜플과 같은 요소의 값을 변경할 수 없는 immutable 자료형만 가능하다. 즉, 리스트, 세트, 딕셔너리와 같은 mutable 자료형은 key로 사용될 수 없다. 동일한 key 값을 가지는 항목이 있을 경우 하나를 제외한 나머지 것들은 모두 무시된다. 이때, 딕셔너리는 항목의 순서가 없는 자료형이므로 어떤 것이 무시될지 알 수 없다. value로는 어떤 자료형이라도 가능하다.

컴퓨팅 사고 각 분반 정보와 수강생 정보가 다음과 같을 때 딕셔너리로 해당 정보를 저장해보자.

```
컴퓨팅 사고
01분반 25명, 02분반 30명, 03분반 26명        ➡        CT = {1:25, 2:30, 3:26}
```

고유한 값이 되는 분반 번호를 key값으로, 각 분반의 수강생 정보를 value로 하여 세 개의 항목을 가진 딕셔너리로 구성할 수 있다.

항목이 하나도 없는 비어있는 딕셔너리를 생성할 때는 다음과 같이 두 가지 방법을 사용할 수 있다.

```
❶ 딕셔너리_변수명 = {}
❷ 딕셔너리_변수명 = dict()
```

중괄호 내에 항목을 하나도 넣지 않고 비워둔 채로 작성하거나 dict() 함수에 파라미터를 부여하지 않으면 빈 딕셔너리가 만들어진다.

딕셔너리 연산

딕셔너리에서는 문자열, 리스트와 같은 연결 연산 및 반복 연산이 지원되지 않는다. 딕셔너리의 key에 대해서만 membership 연산이 지원된다. in 연산자는 딕셔너리의 key에서 찾고자 하는 항목이 존재하면 참(True), 존재하지 않으면 거짓(False)를 반환한다. not in 연산자는 in 연산자와는 반대로 딕셔너리의 key에서 찾고자 하는 항목이 존재하지 않으면 참(True), 존재하면 거짓(False)를 반환한다. 다음 코드를 실행해보자.

```
>>> contacts = {'Kim': '010-1234-5678', 'Park': '010-1236-4568',
                                        'Lee': '010-1238-4569'}
>>> 'Kim' in contacts              # key 중에 'Kim'이 있으므로 True 반환
True
>>> 'Choi' in contacts            # key 중에 'Choi'가 없으므로 False 반환
False
>>> '010-1234-5678' in contacts   # membership 연산은 key에 대해서만 수행
False
>>> tel = {'Lim': '010-2468-1357'}
>>> contacts + tel
TypeError: unsupported operand type(s) for +: 'dict' and 'dict'
>>> contacts * 2
TypeError: unsupported operand type(s) for *: 'dict' and 'int'
```

딕셔너리 항목 참조/추가/제거

딕셔너리 항목 값 얻기

딕셔너리명[key]를 사용하여 해당 key에 대응하는 value 값을 얻어올 수 있다. 만약 딕셔너리에 해당 key 값을 가진 항목이 없다면 KeyError가 발생한다.

```
>>> contacts = {'name': 'mirae', 'phone': '010-1234-5678', 'birth': '1118'}
>>> contacts['name']
'mirae'
>>> contacts['phone']
'010-1234-5678'
>>> contacts['birth']
'1118'
>>> contacts['gender']          # 원소(쌍)에서 없는 key 값일 경우 KeyError
KeyError: 'gender'
>>> contacts[0]                 # 인덱스 적용 안 됨. [] 안의 값은 key 값으로 간주
KeyError: 0
```

딕셔너리 항목 추가하기

딕셔너리에 새로운 항목을 추가하려면, 추가할 항목 key:value의 쌍을 다음과 같은 형식으로 사용할 수 있다.

딕셔너리명[key] = value

인덱스 기호 []를 사용하여 []안에 추가할 항목의 key 값을 지정하면 key:value 쌍이 딕셔너리에 추가된다. 만약 딕셔너리에 이미 존재하는 key 값일 경우 key에 해당하는 value의 값을 새로운 값으로 덮어쓰게 된다.

```
>>> contacts = {'name': 'mirae', 'phone': '010-1234-5678', 'birth': '1118'}
>>> contacts['gender'] = 'male'          # 'gender': 'male'이 딕셔너리 contact에 추가
>>> contacts
{'name': 'mirae', 'phone': '010-1234-5678', 'birth': '1118', 'gender': 'male'}
>>> contacts['birth'] = '1224'           # 'birth': '1118'를 'birth': '1224'로 대치
>>> contacts
{'name': 'mirae', 'phone': '010-1234-5678', 'birth': '1224', 'gender': 'male'}
```

딕셔너리 항목 제거하기

딕셔너리에 포함된 항목들 중 특정 항목 key:value의 쌍을 삭제하려면, 다음과 같은 형식으로 사용할 수 있다.

del 딕셔너리명[key]

인덱스 기호 []를 사용하여 []안에 삭제할 항목의 key 값을 지정하면 key에 해당하

는 key:value 쌍이 딕셔너리에서 삭제된다. 지정한 key 값을 가진 항목이 딕셔너리
에 존재하지 않을 경우 KeyError가 발생한다.

```
>>> contacts = {'name': 'mirae', 'phone': '010-1234-5678', 'birth': '1118'}
>>> del contacts['birth']
                # key 'birth'에 해당하는 'birth': '1118'이 딕셔너리 contact에서 삭제
>>> contacts
{'name': 'mirae', 'phone': '010-1234-5678'}
>>> del contacts['gender']              # key 'gender' 항목이 없으므로 error
KeyError: 'gender'
```

딕셔너리 메소드

파이썬에서는 딕셔너리를 편리하게 다룰 수 있는 다양한 메소드들을 제공해준다.
딕셔너리 메소드의 종류는 다음과 같다. 아래 표를 참고하여 다양한 메소드들을 익
혀서 필요할 때 잘 활용하도록 하자.

메소드	설명(D, D2: 딕셔너리, d: 임의의 object)
D.update(D2)	이미 key가 있으면 value를 갱신, 없으면 쌍을 추가 예) D.update([('a',2),('b',3)]) #D에 없으면 'a':2와 'b':3을 추가
D.get(key, d)	key에 대한 value 반환 key가 없으면 d 반환(d가 주어지지 않았으면 None) 예: D.get(2) or D.get(2, 1)
D.pop(key, d)	key에 대한 value 반환하고 해당 원소(쌍)을 삭제 key가 없으면 d 반환(d가 주어지지 않았으면 KeyError)
D.clear()	딕셔너리 D의 모든 원소를 삭제(빈 딕셔너리로 만듦. D = {}와 동일)
D.items()	key와 value의 쌍을 튜플로 묶은 값을 dict_items 객체로 반환 튜플 (key, value)로 구성된 리스트를 만들거나 (key, value)가 필요한 반복문에서 사용 가능
D.keys()	딕셔너리 D의 key만을 모아서 dict_keys 객체를 반환 반복성 구문(예: for)에서 사용 가능
D.values()	딕셔너리 D의 value만을 모아서 dict_values 객체를 반환 반복성 구문(예: for)에서 사용 가능
D.copy()	딕셔너리 D를 복사하여 반환(shallow copy)

메소드를 활용한 딕셔너리 항목 추가하기: update(D2) 메소드

딕셔너리 D에 딕셔너리 D2의 key가 이미 있으면 value 값을 갱신하고, 존재하지 않
는 key 값일 경우 key:value 쌍을 추가한다.

```
>>> contacts = {'Kim': '010-1234-5678', 'Park': '010-1236-4568',
                                         'Lee': '010-1238-4569'}
>>> new_contacts = {'Kim': '010-5678-1234', 'Choi': '010-1111-5555'}
>>> contacts.update(new_contacts)
                  # key 'Kim'이 존재하므로 value 갱신, key 'Choi'가 없으므로 쌍 추가
>>> print(contacts)
{'Kim': '010-5678-1234', 'Park': '010-1236-4568', 'Lee': '010-1238-4569',
                                         'Choi': '010-1111-5555'}
```

메소드를 활용한 딕셔너리의 항목 가져오기: get(key, d) 메소드

딕셔너리 D에서 key에 해당하는 항목의 value 값을 가져온다. 딕셔너리에 존재하지 않는 key 값일 경우 get() 메소드의 d 값을 설정하느냐 하지 않느냐에 따라 결과가 달라진다. get(key, d)로 메소드를 사용했을 경우에는 해당 key가 딕셔너리에 존재하지 않으면 d를 반환해주고, get(key)로 메소드를 사용했을 경우에는 None이 반환된다. 인덱싱 기호 []를 이용하여 D[key]로 항목을 참조하는 것과 동일하게 동작한다. 단, 해당 key 값을 가진 항목이 딕셔너리에 존재하지 않을 경우 D[key]는 KeyError가 발생하지만 get() 메소드에서는 에러가 발생하지는 않는 차이점이 있다.

```
>>> contacts = {'Kim': '010-1234-5678', 'Park': '010-1236-4568',
                                         'Lee': '010-1238-4569'}
>>> contacts.get('Kim')                  # contacts['Kim']과 동일
'010-1234-5678'
>>> print(contacts.get('Lim'))           # key 'Lim'이 없으므로 None 반환
None
>>> print(contacts.get('Lim', '010-0000-0000'))
                                 # key 'Lim'이 없으므로 '010-0000-0000' 반환
'010-0000-0000'
>>> print(contacts['Lim'])               # key 'Lim'이 없으므로 error
KeyError: 'Lim'
```

메소드를 활용한 딕셔너리 항목 제거하기

딕셔너리의 항목 하나 제거하기: pop(key, d) 메소드

딕셔너리 D에서 key에 해당하는 항목의 value를 반환하고 해당 항목을 제거한다. D.pop(key)로 사용할 경우, 해당 key 값을 가진 항목이 딕셔너리에 존재하지 않는다면 KeyError가 발생한다. D.pop(key, d)로 사용할 경우, 해당 key 값을 가진 항목이

딕셔너리에 존재하지 않는다면 d를 반환한다.

```
>>> contacts = {'Kim': '010-1234-5678', 'Park': '010-1236-4568',
                                         'Lee': '010-1238-4569'}
>>> contacts.pop('Kim')              # key 'Kim'인 항목의 value를 반환하고 항목 제거
'010-1234-5678'
>>> contacts
{'Lee': '010-123-4569', 'Park': '010-123-4568'}
>>> contacts.pop('Lim')              # key 'Lim'이 없으므로 error
KeyError: 'Lim'
>>> contacts.pop("Lim", '010-0000-0000')# key 'Lim'이 없으므로 '010-0000-0000' 반환
'010-0000-0000'
```

딕셔너리의 모든 항목을 제거하기: clear() 메소드

딕셔너리 D의 모든 항목을 제거하고 빈 딕셔너리로 만들 경우 D.clear()를 이용할 수 있다. D = { }와 동일한 기능을 제공한다.

```
>>> contacts = {'Kim': '010-1234-5678', 'Park': '010-1236-4568',
                                         'Lee': '010-1238-4569'}
>>> contacts.clear()          # 딕셔너리의 모든 항목을 제거하고 빈 딕셔너리가 됨. D = {}
>>> contacts
{}
```

메소드를 활용한 딕셔너리의 key, value 값 얻어오기

딕셔너리의 모든 (key, value) 쌍을 얻어오기: items() 메소드

딕셔너리에 있는 모든 key:value 쌍을 튜플로 묶어서 dict_items 객체로 반환해준다. 반환값 dict_items는 list() 함수를 이용해 리스트로 변환가능하다.

```
>>> contacts = {'Kim': '010-1234-5678', 'Park': '010-1236-4568',
                                         'Lee': '010-1238-4569'}
>>> contacts.items()
dict_items([('Kim', '010-1234-5678'), ('Park', '010-1236-4568'),
                                       ('Lee', '010-1238-4569')])
>>> items = list(contacts.items())
>>> items
[('Kim', '010-1234-5678'), ('Park', '010-1236-4568'), ('Lee', '010-1238-4569')]
```

for 문과 같은 반복문의 시퀀스로 사용하여 딕셔너리에 포함된 모든 값들을 확인할 때 이용할 수 있다.

```
contacts = {'Kim': '010-1234-5678', 'Park': '010-1236-4568',
                                    'Lee': '010-1238-4569'}

for item in contacts.items():
    print(item)          # item은 튜플 형태
    print(item[0])       # key 값
    print(item[1])       # value
```

실행결과

```
('Kim', '010-1234-5678')
Kim
010-1234-5678
('Park', '010-1236-4568')
Park
010-1236-4568
('Lee', '010-1238-4569')
Lee
010-1238-4569
```

딕셔너리의 key 값들만 얻어오기: keys() 메소드

딕셔너리에 있는 모든 key 값들을 dict_keys 객체로 반환해준다. 반환값 dict_keys는 dict_items와 같이 list() 함수를 이용해 리스트로 변환가능하다.

```
>>> contacts = {'Kim': '010-1234-5678', 'Park': '010-1236-4568',
                                        'Lee': '010-1238-4569'}
>>> contacts.keys()
dict_keys(['Kim', 'Park', 'Lee'])
>>> keys = list(contacts.keys())
>>> keys
['Kim', 'Park', 'Lee']
```

for 문과 같은 반복문의 시퀀스로 사용하여 딕셔너리에 포함된 모든 key 값들을 확인하거나 해당 key 값에 대응하는 value 값으로 명령분을 반복처리할 때 이용할 수 있다.

```
contacts = {'Kim': '010-1234-5678', 'Park': '010-1236-4568',
'Lee': '010-1238-4569'}

for x in contacts.keys():
    print(x)    # key 값
```

실행결과

```
Kim
Park
Lee
```

```
contacts = {'Kim': '010-1234-5678', 'Park': '010-1236-4568',
                                    'Lee': '010-1238-4569'}

for x in contacts.keys():
    print('key:{} value:{}'.format(x, contacts[x]))
                                # key와  value 쌍 전체 출력
```

실행결과

```
key:Kim value:010-1234-5678
key:Park value:010-1236-4568
key:Lee value:010-1238-4569
```

딕셔너리의 value 값들만 얻어오기: values() 메소드

딕셔너리에 있는 모든 value 값들을 dict_values 객체로 반환해준다. 반환값 dict_values는 dict_items와 dict_keys 같이 list() 함수를 이용해 리스트로 변환가능하다.

```
>>> contacts = {'Kim': '010-1234-5678', 'Park': '010-1236-4568',
                                        'Lee': '010-1238-4569'}
>>> contacts.values()
dict_values(['010-1234-5678', '010-1236-4568', '010-1238-4569'])
>>> values = list(contacts.values())
>>> values
['010-1234-5678', '010-1236-4568', '010-1238-4569']
```

for 문과 같은 반복문의 시퀀스로 사용하여 딕셔너리에 포함된 모든 값들을 확인할 때 이용할 수 있다.

```
contacts = {'Kim': '010-1234-5678', 'Park': '010-1236-4568',
                                    'Lee': '010-1238-4569'}

for x in contacts.values():
    print(x)   # value 값
```

실행결과

```
010-1234-5678
010-1236-4568
010-1238-4569
```

딕셔너리 관련 내장함수

파이썬에서는 딕셔너리를 편리하게 다룰 수 있는 다양한 내장함수들을 제공해준다. 딕셔너리와 관련된 내장함수의 종류는 다음과 같다. 메소드뿐만 아니라 내장함수도 유용하게 사용되므로 잘 익혀두도록 하자.

함수	설명(인수 D: 사전)
len(D)	D의 원소 개수 반환
sorted(D)	D의 key를 정렬한 리스트 반환 D는 불변이고 오름차순 또는 내림차순으로 정렬 (내림차순: sorted(D, reverse=True))
list(D)	D의 key들을 리스트로 변환하여 반환
set(D)	D의 key들을 세트로 변환하여 반환
tuple(D)	D의 key들을 튜플로 변환하여 반환

1. 키보드에서 정수 n을 입력 받고 1 부터 n 까지 x:x*x의 항목을 갖는 딕셔너리를 만들고 출력하는 프로그램을 작성해보자.

   실행결과 예

   ```
   Input a number: 5
   {1:1, 2:4, 3:9, 4:16, 5:25}
   ```

2. 사용자로부터 문자열을 입력 받아 문자열 안에 있는 문자의 개수, 숫자의 개수, 공백의 개수, 단어의 개수를 계산하는 프로그램을 작성해보자. 문자, 숫자, 공백, 단어의 개수를 딕셔너리 자료형으로 저장하시오.

   실행결과

   ```
   문자열을 입력하시오: Life is a long lesson in humility
   {'문자':27, '숫자':0, '공백':6, '단어':7}
   ```

3. 올림픽에 출전한 네 나라와 각 나라가 획득한 금, 은, 동메달 수가 딕셔너리 변수 olympic에 저장되어 있다. 폐회식에서 나라 이름의 사전 순으로 입장한다고 한다. 가장 먼저 입장하는 나라와 가장 마지막에 입장하는 나라를 출력하고, 'Korea'의 메달 결과를 출력하는 프로그램을 완성하시오.

   ```
   olympic = {'Korea':[6, 4, 10], 'China':[38, 32, 18],
                       'Canada':[7, 6, 11], 'France':[10, 12, 11]}
   ```

   실행결과

   ```
   가장 먼저 입장하는 나라: Canada
   가장 마지막에 입장하는 나라: Korea
   Korea 성적: 총 메달 20개, 금메달 6개, 은메달 4개, 동메달 10개
   ```

4. 3명의 학생에 대해 네번의 퀴즈 성적을 딕셔너리에 저장해보자. 학생의 이름이 key가 되고 해당 학생의 성적이 포함된 정수 리스트가 value가 된다. 다음과 같이 동작하는 프로그램을 작성해보자.

- 연세의 성적: [99, 83, 95, 79]
- 미래의 성적: [88, 100, 95, 85]
- 자유의 성적: [90, 99, 78, 85]

(1) 진리의 성적을 입력받아 딕셔너리에 추가해보자.

(2) 전체 학생 정보와 성적이 들어있는 딕셔너리를 출력해보자.

(3) 딕셔너리에서 학생들의 이름을 담은 리스트를 만들고, 리스트에 들어있는 학생 이름으로 딕셔너리에서 성적을 꺼내 각 학생의 평균을 계산해서 소수점 아래 첫째 자리까지 출력해보자.

실행결과

```
진리의 성적을 입력하시오: 80 70 60 90
딕셔너리출력: {'연세': [99, 83, 95, 79], '미래': [88, 99, 95, 85],
              '자유': [90, 99, 78, 87], '진리': [80, 70, 60, 90]}
연세의 평균점수: 89.0
미래의 평균점수: 91.8
자유의 평균점수: 88.5
진리의 평균점수: 75.0
```

1. 다음을 읽고 O, X로 답하시오.
   (1) 아래 프로그램의 결과는 'Mom'이다. (   )

   ```
   string = 'My name is tommy'
   print(string[0]+string[12:14])
   ```

   (2) 아래 프로그램의 결과는 False이다. (   )

   ```
   string = 'abc'
   print(string.isalnum())
   ```

   (3) 아래 프로그램의 출력값은 [1, 2, 3, 1, 2, 3] 이다. (   )

   ```
   num = [1, 2, 3]
   print(num*2)
   ```

   (4) 아래 프로그램의 결과는 'student'이다. (   )

   ```
   msg = 'Mirae is a good student'
   print(msg[-7:100])
   ```

2. 다음과 같은 문자열이 있을 때 오류가 발생하는 것을 모두 고르시오. (   )

   ```
   s1 = 'python'
   s2 = 'fun'
   ```

   ❶ s1*s2   ❷ s1-s2   ❸ s1+s2   ❹ s1/s2

3. 다음 코드의 실행 결과로 알맞은 것을 고르시오. (   )

   ```
   a = 11
   b = 9
   print('a' + 'b')
   ```

   ❶ 'a' + 'b'   ❷ 20   ❸ ab
   ❹ a + b   ❺ error

4. 다음 코드에서 오류가 발생하는 부분을 고르시오. (　　)

```
a = [10, 20, 30]
```

❶ print(a[0])　　❷ print(a[1])　　❸ print(a[2])　　❹ print(a[3])

5. 다음과 같은 리스트가 있을 때 오류가 발생하는 것을 모두 고르시오. (　　)

```
l1 = [10, 20]
l2 = [30, 40]
```

❶ l1+l2　　　　❷ l1-l2　　　　❸ l1*l2　　　　❹ l1/l2

6. 다음 코드의 실행 결과로 알맞은 것을 고르시오. (　　)

```
myStr = 'Python is funny'
print(str(myStr.count('n') + myStr.find('n') + myStr.rfind('n')))
```

❶ 9　　　　　　❷ 21　　　　　　❸ 3513
❹ 18　　　　　　❺ 333

7. 다음 코드의 실행 결과로 알맞은 것을 고르시오. (　　)

```
a = [3, 'apple', 2019, 12]
b = a.pop(0)
c = a.pop(1)
print(b + c)
```

❶ 2022　　　　❷ 2031　　　　❸ 15
❹ apple　　　　❺ error

8. 다음 코드의 실행 결과로 알맞은 것을 고르시오. (　　)

```
text = 'Yonsei YHX1001 - Computational Thinking'
text2 = 'Human knowledge belongs to the world'
text.lower()
print(text[:7] + text2.split()[0])
```

❶ Yonsei Human　　　　　　　❷ yonsei Human
❸ yonsei H　　　　　　　　　❹ Yonsei H
❺ Yonsei Knowledge　　　　　❻ yonse1 Knowledge

9. 다음 딕셔너리에서 키 "age"의 값을 추출하는 방법으로 맞는 것을 모두 고르시오.
( )

```
student = { "name":"Hong", "age":20, "gender":"male" }
```

❶ student["age"]   ❷ student.get(1)
❸ student.get("age")   ❹ student.get[1]

10. 다음 딕셔너리에서 Hong의 나이를 추출하는 방법으로 맞는 것을 고르시오. ( )

```
student = { 1:{ name":"Hong", "age":20, "gender":"male" },
2:{ "name":"Kim", "age":22, "gender":"female" } }
```

❶ student[0][1]   ❷ student[0]["age"]
❸ student[1][1]   ❹ student[1]["age"]

11. 다음 딕셔너리에서 Lee의 score를 95로 변경해보자.

```
student = { 1:{ "name":"Hong", "age":20, "score":90 },
2:{ "name":"Kim", "age":22, "score":80 },
3:{ "name":"Lee", "age":22, "score":85 } }
```

12. 다음 코드의 실행 결과를 쓰시오.

(1) 실행결과: ( )

```
dict_1 = {2:1, 4:2, 6:3, 8:4, 10:5}
dict_keys = list(dict_1.keys())
dict_values = list(dict_1.values())
dict_2 = dict()
for i in range(len(dict_keys)):
    dict_2[dict_values[i]] = dict_keys[i]
print(dict_2[2])
```

(2) 실행결과: ( )

```
box = [1, 'red', 3, (), [], None]
print(len(box))
```

(3) 실행결과: (   )

```
a = '10'
b = '5-2'.split('-')[1]
print(a*3 + b)
```

(4) 실행결과: (   )

```
myStr = "Yonsei University Mirae Campus"
print(myStr[-4:15:-5])
```

(5) 실행결과: (   )

```
sentence = list('You Love Me?')
result = ''
for i in range(len(sentence)):
    if i % 3 == 0:
        result += sentence.pop()
    else:
        result += sentence.pop(0)
print(result)
```

(6) 실행결과: (   )

```
myList = [[1,2,3,4], [5,6,7,8], [9,10,11,12]]
print(myList[0][1])
```

(7) 실행결과: (   )

```
myList = [[1,2,3,4], [5,6,7,8], [9,10,11,12]]
print(myList[1][3])
```

(8) 실행결과: (   )

```
myList = [[1,2,3,4], [5,6,7,8], [9,10,11,12]]
print(myList[2])
```

(9) 실행결과: (   )

```
dict1 = { "a":10, "b":20 }
dict2 = { "b":20, "a":10 }
print(dict1 == dict2)
```

13. 문장을 입력받고 찾을 문자를 입력받은 후 찾을 문자가 어디에 있는지 전부 다 출력하는 프로그램을 완성하시오.

프로그램 코드

```
st = input("문장을 작성하시오: ")
word = input("찾을 문자를 입력하시오: ")
seq = 0
for i in range(st.count(word)) :
    if _____ :
        seq = _____
        print(st[seq], seq+1)
        seq = seq + 1
```

실행결과 예

```
문장을 작성하시오: FINISHED FILES ARE THE RESULT OF YEARS OF SCIENTIFIC
STUDY COMBINED WITH THE EXPERIENCE OF YEARS.
찾을 문자를 입력하시오: D
D 8
D 57
D 67
```

14. 파일 이름을 입력받아 확장자가 .py이면 'python file'을 출력하고 아니면 'unknown extension'을 출력하는 프로그램을 완성하시오.

프로그램 코드

```
filename = input("파일이름을 입력하시오: ")
file = _____
if _____ :
    print("python file")
else:
    print("unknown extension")
```

실행결과 예

```
파일이름을 입력하시오: run.play.py
python file
```

15. 주어진 리스트에서 최소값과 최대값을 제외한 후, 남아있는 값들의 평균값을 출력하도록 하는 프로그램을 완성하시오.

프로그램 코드

```
scores = [10.0, 9.0, 8.3, 7.1, 3.5, 9.0]
print("최소값, 최대값 제거전:", scores)
_____
_____
print("최소값, 최대값 제거후:", scores)
print("평균값:", _____ )
```

실행결과 예

```
최소값, 최대값 제거전: [10.0, 9.0, 8.3, 7.1, 3.5, 9.0]
최소값, 최대값 제거후: [9.0, 8.3, 7.1, 9.0]
평균값: 8.35
```

Computational Thinking and Software
with Python

조건문

[학습목표]

▶ 선택문의 개념과 활용법 이해
▶ 블록과 if-else 문을 통해 순차 구조 및 선택 구조를 학습
▶ 조건문을 활용한 예제를 실습

10.1 | 조건과 조건문

프로그램은 여러 단계의 복합적인 구조를 통해 실행되는데, 이는 인간의 사고 구조를 실제화 한 것으로 간주할 수 있다. 인간은 순차적으로 입력받은 정보에 대한 판단을 내리고, 이에 적합한 행동(Action)을 수행하는데 이를 프로그램에서는 순차구조(Sequence structure)라 한다. 즉, 컴퓨터는 개발자가 입력한 정보를 순차적으로 인식한 후, 이에 적합한 출력결과를 도출해낸다. 이 때, 개발자가 입력한 정보에 적합한 출력을 적용할 수 있도록 사용되는 것이 조건(Condition)이다.

조건문이란 개발자가 구분한 특정 조건에 따라 원하는 출력을 수행하는 프로세스를 의미한다. 일반적으로 개발자가 명시한 조건에 대한 일치여부는 참/거짓을 기준으로 구분될 수 있으며, 컴퓨터는 해당 조건이 참일 경우 조건에 부합하는 명령을 수행한다. 예를 들어, 목적지로 가기 위한 교통편을 탐색하는 프로그램을 구현한다고 가정해 보자. 이 때, 우리는 눈이 올 경우 대중교통을 이용하는 것이 합리적이며, 눈이 오지 않을 경우 자가용을 이용하는 것이 합리적일 것이라 판단하였다. 그렇다면 우리는 '눈이 오는가?'라는 조건을 기준으로 조건문을 구현할 수 있다. 만약 눈이 온다면(참) 프로그램은 '대중교통을 이용한다.'를 출력할 것이며, 눈이 오지 않는다면(거짓) 프로그램은 "를 출력할 수 있다.

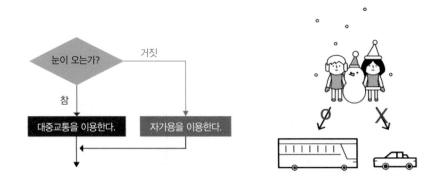

10.2 | 조건문의 유형

파이썬에서의 조건문은 조건의 유형 및 구조에 따라 다음 세 가지의 큰 범위로 구분할 수 있다. 우선, 가장 일반적인 조건문의 형태인 if 문은 단일 조건에 대한 참/거짓을 구분하는 것을 의미한다. 예를 들어, 학생의 성적을 기준으로 학점을 부여하는 프로그램을 개발하는 것으로 가정해 보자. 만약 학생의 성적이 70점보다 높다면 Pass를 출력하는 프로그램이라면, '성적이 70점보다 높은가?'라는 조건을 기준으로 조건문을 구현할 수 있다. if 조건문은 이러한 단일 조건에서 활용 가능한 조건문의 형태이다. 즉, if 조건문은 인간의 언어로 "만약 ~라면 ~이다."로 표현할 수 있다.

그렇다면, 만일 위의 프로그램에서 70점보다 성적이 낮은 학생들에 대한 출력을 추가하고 싶다고 가정해 보자. 이러한 경우에는 '성적이 70점보다 높은가?'라는 조건에 부합하지 않는 경우에 대한 출력을 명시해야 할 것이다. 우리는 if-else 조건문을 통해 조건에 부합하지 않는 경우에 대한 출력을 설정할 수 있다. 이를 인간의 언어로 표현하면 "만약 ~라면 ~이고, ~가 아니라면 ~이다."로 정의할 수 있다.

다음으로, 앞서 설정한 학생의 성적기준을 세분화하여 학점을 부여해야 한다고 가정해 보자. 이 때, 우리는 90점 이상을 취득한 학생에게는 A학점을, 80점 이상 90점 미만의 학점을 취득한 학생에게는 B학점을, 80점 미만을 취득한 학생에게는 C학점을 부여해야 한다. 이는 앞선 if 및 if-else 조건문 대비 고려해야 할 조건이 늘어난 것으로 해석할 수 있다. 위와 같이 다양한 조건을 순차적으로 고려하여 적합한 출력을 수행해야 할 때 if-elif-else 조건문을 활용할 수 있다. 즉, if-elif-else 조건문은 "만약 ~라면 ~이고, 만약 ~라면 이고, 그것도 아니라면 ~이다."로 해석할 수 있다.

1. if: if 조건이 True에 해당할 경우, 다음 라인을 실행한다.

2. if - else: if 조건이 True일 경우 다음 라인을 실행하고, 조건이 False일 경우 else의 로직을 실행한다.

3. if - elif - else: if 조건이 True일 경우 다음 라인을 실행하고, 조건이 False일 경우 elif를 실행하며, elif 조건이 False일 경우 else의 로직을 실행한다.

10.3 | if 조건문의 구조

앞서 설명한 바와 같이, if 조건문은 단일 조건에 대해 명시된 결과를 출력하는 프로세스이다. 따라서 if 조건문은 주어진 조건식이 참(True)이면 실행할 문장을 출력하며, 거짓(False)이면 아무것도 실행하지 않고 프로그램을 종료하는 형태로 구성된다.

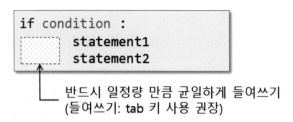

반드시 일정량 만큼 균일하게 들여쓰기
(들여쓰기: tab 키 사용 권장)

만약 조건이 참(True)인 경우, 여러 개의 문장이 실행되어야 한다면 어떻게 처리할 것인가?

이 때, 우리는 블록(Block)의 개념을 이해할 필요가 있다. 블록은 특정한 동작을 위해 코드가 모여있는 상태를 의미하며, 일반적으로 들여쓰기를 통해 구분한다. 파이썬에서는 들여쓰기 자체가 구분을 위한 문법이며, 공백(space_bar), 탭(tab) 등 여러가지 형태가 있으나, 탭을 통해 구분하는 것이 일반적이다.

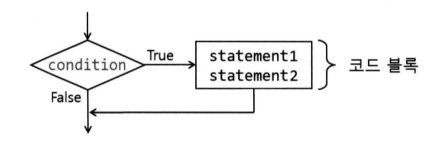

예를 들어, if 조건문의 형식이 다음과 같을 경우, statementA는 if 문과 상관 없는 바깥 문장으로 들여쓰기를 하지 않았기 때문에, if 문 실행 후 바로 실행된다.

```
if condition :
    statements
statementA
```

순서도상으로는 True일 경우 statements를 실행하고 False일 경우 바로 statementA

를 실행하게 된다. 따라서 우리는 프로그램을 구현할 때, 코드 블록 구성을 위한 들여
쓰기에 항상 유의하여야 함을 명심해야 한다.

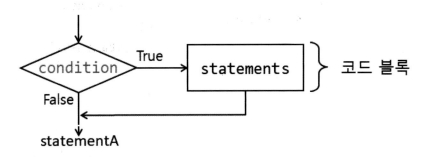

다음으로, if 조건문이 활용된 간단한 예제를 살펴보자. 우리는 정수를 하나 입력
받아서 100보다 큰 수인지 작은 수인지 판별하여, 100보다 작으면 '100보다 작다'
를 출력하는 프로그램을 구현하고자 한다. 그렇다면, 다음 그림에서 좌측과 같이,
순서도 형태로 필요한 조건을 적용한 분기문을 작성할 수 있다. 이를 프로그램으로
구현한다면, 우선 입력받을 변수(num)을 정의한 후, if 조건문을 이용하여 'num이
100보다 작은가?'라는 조건에 부합하는 경우 '100보다 작다'라는 메시지 출력할 수
있다.

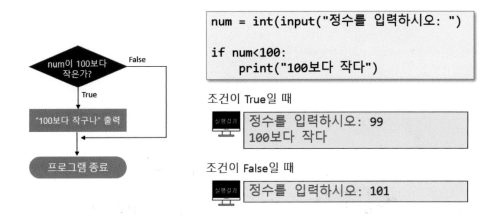

10.4 | if-else 조건문의 구조

앞서 설명한 바와 같이, if-else 조건문은 조건에 부합하지 않는 경우(거짓)에도 수
행할 명령이 있을 경우에 활용 가능한 조건문이다. 전체적인 구성은 if 조건문과
상이하지 않으나, 조건에 부합하지 않는 경우에 대한 명령을 else 문에 명시한다는
점에서 차이가 있다. if-else 조건문의 일반적인 구조는 다음과 같다.

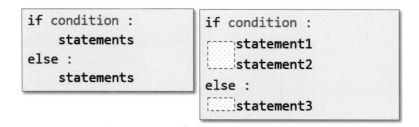

```
if condition :
    statements
else :
    statements
```

```
if condition :
    statement1
    statement2
else :
    statement3
```

우측의 if-else 조건문을 순서도의 형태로 보았을 때, 조건 분기에서 True일 경우 statement1과 statement2를 수행하고, False일 경우 statement3을 수행한다.

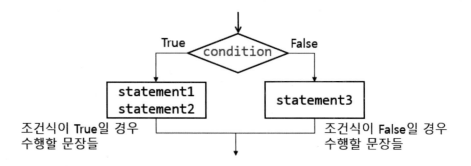

그렇다면, 앞선 if 조건문에서 확인한 예제의 응용을 통해 if-else 조건문을 구현해 보자. 우리는 정수를 하나 입력받아 100보다 큰 수인지 작은 수인지를 판별하여, 100보다 작으면 '100보다 작다'를, 그렇지 않으면 '100보다 크거나 같다'를 출력하는 프로그램을 구현하고자 한다. 이 때, 조건은 앞선 if 조건문과 동일하게 'num이 100보다 적은가?'를 적용하면 된다. 그리고, else문에서 num이 100보다 크거나 같은 경우에 대한 출력문을 명시하여 조건에 부합하지 않는 경우에 대한 동작을 구현할 수 있다.

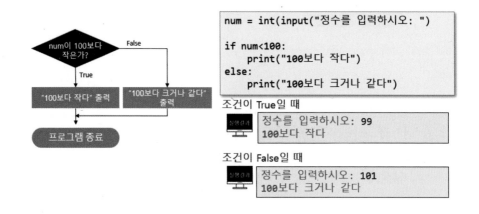

```
num = int(input("정수를 입력하시오: ")

if num<100:
    print("100보다 작다")
else:
    print("100보다 크거나 같다")
```

조건이 True일 때

```
정수를 입력하시오: 99
100보다 작다
```

조건이 False일 때

```
정수를 입력하시오: 101
100보다 크거나 같다
```

10.5 | if-elif-else 조건문의 구조

마지막으로, if-elif-else 조건문에 대한 구조를 살펴보자. if-elif-else 조건문은 앞서 언급한 성적 산출 프로그램과 같이, 조건에 따라 다중으로 분기가 필요한 경우 사용할 수 있다. 이 때 elif는 if에 주어진 조건 외 다른 조건을 명시하고 있는 구문이다. 초기 if 문의 조건에 부합하지 않을 경우, 순차 구조로 프로그램이 구동됨을 반영하여 다음의 elif 문의 조건 탐색을 통해 적절한 동작을 수행한다. 이 때 else 구문의 경우, 모든 조건에 부합하지 않는 경우에 대한 동작을 포함시킬 필요가 없다면 포함하지 않아도 무방하다.

if-elif-else 조건문의 구조를 순서도 형태로 살펴보자. 만약 condition1의 조건에 부합한다면 프로그램은 statement1을 구동할 것이고, 그렇지 않다면 첫 번째 순서의 elif에 condition2 조건에 부합하는지를 탐색할 것이다. 만일 condition2 조건에 부합한다면, 프로그램은 statement2를 구동할 것이고, 그렇지 않다면 다음 순서의 elif에 condition3 조건에 부합하는지를 탐색할 것이다. 만일 condition3 조건에 부합한다면, 프로그램은 statement3를 구동할 것이고, 그렇지 않다면 주어진 세 개의 조건에 모두 부합하지 않는 것으로 판단하여, else 구문의 statement4를 구동할 것이다. 최종적으로 조건 구문에 포함되지 않는 statementA는 조건문 구동이 종료된 후 항상 구동되는 형태로 적용된다.

```
if condition1 :
    statement1
elif condition2 :
    statement2
elif condition3 :
    statement3
else :
    statement4
statementA
```

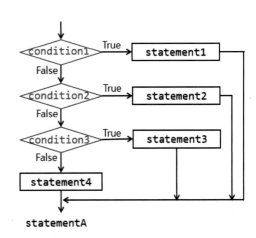

앞서 언급하였던 성적산출 프로그램을 if-elif-else 문을 통해 조금 더 세밀하게 살펴보자. 우리는 성적 조건에 맞는 학점을 부여하는 프로그램을 구현하고자 한다. 이 때, 학생의 성적은 82점으로 선언하였다. 따라서 우리는 학생의 성적이 저장된 score라는 변수에 점수기준이라는 조건을 적용하여 if-elif-else 문을 구현할 수 있다. 우선, '성적이 90점 이상인가?'라는 조건에 해당한다면 A를 출력하는 if 문을 구현한다. 다음으로, '성적이 80점 이상인가?'라는 조건에 해당한다면 B를 출력하는 elif 문을 구현한다. 또한, '성적이 70점 이상인가?'라는 조건에 해당한다면 C를 출력하는 elif 문을 구현한다. 이외, '성적이 60점 이상인가?'라는 조건에 해당한다면 D를 출력하는 elif 문을 구현한다. 최종적으로 학생의 성적이 위의 조건에 모두 해당되지 않는다면 F를 출력하는 else 문을 구현한다. 추가적으로 학점 출력 후, '학점입니다.'를 항상 출력하여 최종적으로 개발자는 '~학점입니다.'라는 출력결과를 확인할 수 있다.

이 때, 우리는 프로그램이 순차 구조로 구동된다는 사실을 명심할 필요가 있다. 예를 들어, 위의 프로그램에서 우리는 학생의 성적을 82점으로 선언하였으므로, A학점 외 모든 학점의 부여조건에 부합한다. 그러나, B학점의 부여조건인 elif문이 C 및 D, F학점에 대한 조건문보다 상위에 구현되었으므로 프로그램은 B학점의 조건만을 검토한 후 이후의 조건에 대한 검토를 수행하지 않는다. 따라서 위의 프로그램에서 최종 출력 결과는 'B학점입니다.'가 도출된다.

위와 같은 프로그램은 if-else 문의 중첩 형태를 통해 아래 그림과 같이 구현할 수도 있다. 즉, if 문의 조건에 부합하지 않는 else의 경우에 대해 추가적인 조건 부여를 적용한 중첩 if-else 문은 큰 틀에서는 if-elif-else 문의 구성과 동일하다 할 수 있다. 그러나, 우리가 가시적으로 비교하기에도 중첩 if-else 문을 활용한 코드는 if-elif-else 문 대비 복잡한 형태로 구성됨을 알 수 있다. 따라서, 다중 분기가 필요한 프로그램의 구현은 if-elif-else 문을 통해 구현하는 것이 보다 효과적이다.

if-elif-else 문	중첩 if-else 문

```
score = 82
if score >= 90:
    print("A")
elif score >= 80:
    print("B")
elif score >= 70:
    print("C")
elif score >= 60:
    print("D")
else:
    print("F")
print("학점입니다.")
```

```
score = 82
if score >= 90:
    print("A")
else:
    if 80 <= score :
        print("B")
    else:
        if 70 <= score :
            print("C")
        else:
            if 60 <= score :
                print("D")
            else:
                print("F")
print("학점입니다.")
```

실습문제

1. 인터넷 쇼핑몰에서 물건을 구입할 때, 구입액이 10만 원 이상이면 5%의 할인을 해준다고 하자. 사용자에게 구입 금액을 물어보고 최종적으로 할인 금액과 지불 금액을 출력하는 프로그램을 작성해보자.

   조건 기본 if 조건문 사용

   실행결과 예

   ```
   구입 금액을 입력하시오: 100500
   지불 금액은 95475.0 입니다.
   ```

2. 항공사에서는 짐을 부칠 때, 20kg이 넘어가면 20,000원을 내야 한다고 하자. 20kg 미만이면 수수료는 없다. 사용자로부터 짐의 무게를 입력받고 사용자가 지불하여야 할 금액을 계산하는 프로그램을 작성해보자.

   조건 if-else 조건문 사용

   실행결과 예

   ```
   짐의 무게는 얼마입니까? 18
   짐에 대한 수수료는 없습니다.
   감사합니다.
   ```

   실행결과 예

   ```
   짐의 무게는 얼마입니까? 30
   무거운 짐은 20,000원을 내셔야 합니다.
   감사합니다.
   ```

3. 키보드에서 입력받은 정수가 홀수인지 짝수인지를 말해주는 프로그램을 작성해보자. 홀수와 짝수는 어떻게 구별할 수 있을까?

> **조건** if-else 조건문 사용

실행결과 예

```
정수를 입력하시오: 2
입력된 정수는 짝수입니다.
```

실행결과 예

```
정수를 입력하시오 : 5
입력된 정수는 홀수입니다.
```

4. 사용자로부터 두 개의 정수를 입력받아서 둘 중 큰 수를 출력하는 프로그램을 작성해보자.

> **조건** if-else 조건문 사용

실행결과 예

```
첫 번째 정수: 10
두 번째 정수: 20
큰 수는 20
```

5. 어떤 대학교를 졸업하려면 적어도 140학점을 이수해야 하고 평점이 2.0은 되어야 한다고 하자. 사용자에게 이수학점 수와 평점을 입력받아 졸업 가능 여부를 출력하는 프로그램을 작성해보자.

> **조건** if-else 조건문 사용

실행결과 예

```
이수한 학점 수를 입력하시오: 120
평점을 입력하시오: 2.3
졸업이 힘듭니다!
```

실행결과 예

이수한 학점 수를 입력하시오: 140
평점을 입력하시오: 2.3
졸업 가능합니다!

6. 마트에서 사과가 신선하면 사과를 사기로 한다. 만약 사과가 개당 1,000원 미만이면 10개를 산다. 하지만 사과가 개당 1,000원 이상이면 5개만 산다. 아래 출력 결과를 참고하여 프로그램을 작성해보자.

> **조건** 중첩 if-else 조건문 사용

실행결과 예

사과의 상태를 입력하시오: 신선
사과 1개의 가격을 입력하시오: 500
사과를 10개 산다.

실행결과 예

사과의 상태를 입력하시오: 신선
사과 1개의 가격을 입력하시오: 1500
사과를 5개 산다.

실행결과 예

사과의 상태를 입력하시오: 보통
사과를 사지 않는다.

7. 사용자로부터 정수를 받아서 음수, 0, 양수 중의 하나로 분류하는 프로그램을 작성해보자.

> **조건** if-elif-else 조건문 사용

실행결과 예

정수를 입력하시오: -10
입력된 정수는 음수입니다.

> 정수를 입력하시오: 0
> 입력된 정수는 0입니다.

8. 사용자로부터 연도를 입력받아 해당 연도가 윤년인지 확인하여 결과가 윤년이면 '윤년'을, 아니면 '평년'을 출력하는 프로그램을 작성해보자.

> **조건** if-elif-else 조건문 사용

> **힌트** 윤년 판별 공식
> - 연도가 4로 나누어 떨어지고, 100으로 나누어 떨어지지 않으면 윤년
> - 또는 400으로 나누어 떨어지면 윤년

실행결과 예

> 연도를 입력하시오: 2011
> 평년입니다.

실행결과 예

> 연도를 입력하시오: 2012
> 윤년입니다.

9. 키보드에서 정수를 한 개 입력받아서, 추측 값이 기준 값인 50과 같으면 '축하합니다! 정답입니다.'를, 작으면 '아닙니다. 기준 값은 추측 값보다 큽니다.'를, 크면 '아닙니다. 기준 값은 추측 값보다 작습니다.'를 출력하는 프로그램을 작성해보자.

> **조건** if-elif-else 조건문 사용

실행결과 예

> 추측 값을 입력하시오: 60
> 아닙니다. 기준 값은 추측 값보다 작습니다.

추측 값을 입력하시오: 40
아닙니다. 기준 값은 추측 값보다 큽니다.

실행결과 예

추측 값을 입력하시오: 50
축하합니다! 정답입니다.

10. 사용자로부터 근무 시간과 시간당 임금을 입력받는다. 주당 근무 시간이 40시간을 넘으면 초과 근무 시간에 대하여 1.5배 임금을 지급해야 한다고 하자. 이번 주에 받을 총 임금을 계산하는 프로그램을 작성해보자.

> **조건** if-else 조건문 사용

실행결과 예

근무 시간을 입력하시오: 40
시간당 임금을 입력하시오: 7000
총 임금은 280000원 입니다.

실행결과 예

근무 시간을 입력하시오: 45
시간당 임금을 입력하시오: 7000
총 임금은 332500.0원 입니다.

Computational Thinking and Software
with Python

반복문

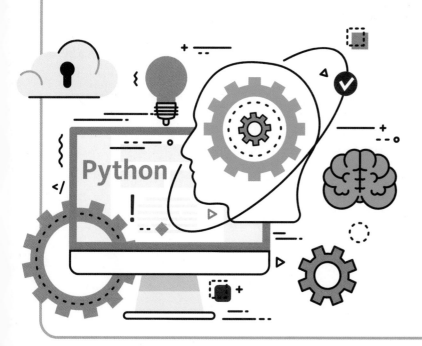

11.1 | 반복 구조와 반복문

컴퓨터는 인간과는 다르게 쉼 없이 업무를 수행할 수 있는 효과적인 도구이다. 현대 사회는 컴퓨터와 같은 기계를 활용한 생산성 향상을 통해 지속적인 발전을 이룩해왔다. 우리는 효과적으로 구현된 프로그램을 통해 기존 인간이 반복적으로 수행하여야 했던 대부분의 업무를 대체하고 있다.

반복 구조는 컴퓨터 프로그래밍의 가장 효율적이며, 특성적인 요인 중 하나로 볼 수 있다. 컴퓨터 프로그램은 반복 구조를 통해 형성되며, 이러한 반복 구조가 존재하지 않는 프로그램의 효율성은 인간과 상이하지 않다고 볼 수 있다. 컴퓨터 프로그래밍에서의 반복 구조는 반복 시행해야 할 적절한 패턴에 대해 사전에 개발자가 명시한 명령을 수행하는 형태로 적용된다.

예를 들어 보자. 만약 학교에 중요한 손님이 오셔서 전광판에 'Welcome'을 5번 출력하여야 한다고 가정하자. 이를 프로그램으로 구현했을 때, 우리는 'Welcome'을 출력하는 5개의 print 문 구현을 통해 원하는 결과를 출력할 수 있다.

전광판 출력 화면

print() 함수를 호출하는 문장 5줄 작성

```
print("Welcome")
print("Welcome")
print("Welcome")
print("Welcome")
print("Welcome")
```

그렇다면, 5번의 출력이 아니라 1000번의 출력을 수행해야 한다면 어떨까? 그렇다면 우리는 'Welcome'을 출력하는 print 문을 1000번 작성해야 할 것이다. 이러한 동작은 인간이 자체적으로 1000번의 'Welcome'을 그리는 것과 효율성 측면에서 큰 차이가 존재하지 않는다.

반복문은 이러한 상황에서의 효율적 프로그래밍을 위해 적용되는 것으로, 우리는 아래와 같은 반복 구조를 적용한 반복문을 통해 효과적으로 주어진 1000번의 횟수만큼 'Welcome'을 출력할 수 있다. 이는 개발자로 하여금 훨씬 효율적인 코드 구현이 가능하게끔 함과 동시에, 인간이 프로그램을 활용하는 목적을 극대화 해 줄 수 있는 방안이다.

```
print("Welcome")
print("Welcome")
print("Welcome")
print("Welcome")
…
…
print("Welcome")
```

1000번 복사해서 붙여넣기 ?

◆반복 구조 사용

```
for i in range(1000) :
    print("Welcome")
```

1000번 반복시키는 구조

11.2 | for 문

다양한 반복문의 종류 중, 가장 일반적으로 적용되는 형태인 for 문을 알아보도록 하자. for 문은 사전에 정해진 횟수 혹은 범위에 대한 반복을 수행할 때 효과적으로 적용할 수 있는 반복문이다. for 문을 쉽게 이해하자면, 시퀀스에 포함되어 있는 각 원소를 차례로 꺼내어 변수에 담고, 시퀀스 내 원소가 남지 않을 때 까지 코드블록을 반복하여 실행하는 과정으로 해석할 수 있다.

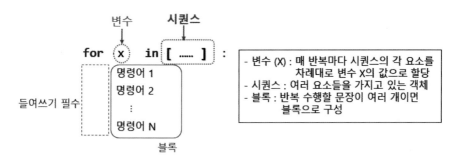

간단한 예제를 통해 for 문의 구조를 이해해 보자. 아래의 for 문은 우리가 들어야 하는 교양과목에 대한 정보를 모두 출력하는 프로그램이다. 이 때, 우리는 for 문의 적용을 통해 교양과목 리스트에 포함되어 있는 모든 과목을 반복적으로 출력할 수 있다. 우선, 우리가 출력해야 할 변수는 교양 과목명이다. 우리는 교양과목 리스트에 포함되어 있는 모든 과목명을 출력할 때까지 프로그램을 구동하여야 한다. 따라서 이 때의 시퀀스는 교양과목명이 모두 포함된 리스트 ['컴퓨팅 사고', '채플', '기독

교와현대사회', '글쓰기'를 활용할 수 있다. 이를 통해 우리는 교양과목 리스트에 포함된 네 과목이 순차적으로 변수(subject)에 할당될 때까지 반복을 수행할 수 있다. 이 때, subject에 각 과목이 순차적으로 할당될 때마다 출력을 구동해줄 코드블록 (print 문)의 구현을 통해 모든 과목에 대한 출력을 반복적으로 수행할 수 있다.

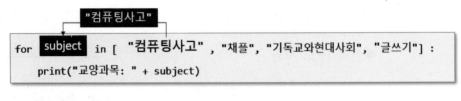

```
교양과목: 컴퓨팅사고
교양과목: 채플
교양과목: 기독교와현대사회
교양과목: 글쓰기
```

for 문에서의 시퀀스는 앞서 소개한 예시와 같은 리스트와 같이 적용할 수도 있으나, 더욱 일반적인 유형은 range()를 활용하여 반복의 범위를 지정하는 형태이다. range()는 지정된 범위 내에서의 정수를 생성하여 이를 순차적으로 변수에 할당하는 형태로 반복이 적용된다. range()의 구조는 다음 그림과 같이 변수에 할당될 정수를 세 개의 매개변수를 기반으로 생성한다. 변수에 순차적으로 할당될 정수는 start부터 stop-1까지 step의 간격을 두고 생성된다.

이 때 start와 step은 생략할 수도 있는데, 이러한 경우에는 start는 0으로, step은 1로 인식되어 가장 기본적인 형태인 범위가 산출된다는 특징이 있다. 예를 들어, 만약 0부터 4까지의 시퀀스를 통해 5번의 반복을 적용하고 싶다면 우리는 기존의 range(0,5,1)의 형태로 시퀀스를 구성할 수도 있지만 range(5)의 간소화 된 형태를 통해 시퀀스를 구성할 수도 있음을 기억할 필요가 있다.

```
for i in range(5) :
    print("Welcome")

Welcome
Welcome
Welcome
```

```
Welcome
Welcome
```

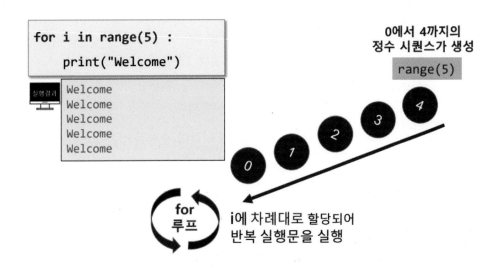

반복문 역시 개발자가 구현하고자 하는 형태에 따라 중첩을 통한 반복을 적용할 수도 있다. for 문에서의 중첩을 적용한 중첩 for 문의 형태를 아래 예시를 통해 살펴보도록 하자. 아래 코드는 반복문의 순차적인 구동을 통해 i값과 k값이 어떻게 변화하는지를 보여준다. 우선, 외부의 for 문은 0부터 2까지의 범위에서 1의 간격을 두고 순차적으로 변수 i의 값을 갱신시키며 반복이 진행된다. 이 때, 내부의 for 문은 0부터 1까지의 범위에서 1의 간격을 두고 순차적으로 변수 k의 값을 갱신시키며 반복이 진행된다. 그렇다면 아래와 같은 중첩 for 문의 구동 순서는 어떻게 될까?

```
for i in range(0, 3, 1):
    for k in range(0, 2, 1):
        print("파이썬 재미있어요. i값: ", i, ", k값: ", k)
```

우선, 코드가 순차적으로 구동됨을 고려하여 첫 번째 for 문이 가장 먼저 실행될 것이다. 우리는 i의 반복 범위를 0부터 2까지로 설정하였으므로, i의 초기 값은 0으로 설정되어 있을 것이다. 다음 단계로, 내부에 있는 for 문이 순차적으로 구동될 것이다. 내부의 for 문은 k값을 0부터 1까지 순차적으로 갱신하는 형태이다. 따라서 k의 초기 값은 0으로 설정된다. 다음으로, 내부 for 문에 포함되어 있는 출력문이 구동될 것이다. 이 때의 i값과 k값은 초기에 설정된 0이 출력된다.

그렇다면, 내부 for 문의 출력문이 구동된 후, 다음 실행 순서는 외부의 for 문이 될까, 혹은 내부의 for 문이 될까? 우리는 이 때 들여쓰기와 같은 코드블록 형태를 주목할 필요가 있다. 내부 for 문은 외부 for 문 안에 포함된 형태로, 내부 for 문의 구동이 종료된 후 외부 for 문이 구동됨을 이해하여야 한다. 따라서 1차적으로 내부 for 문의 k가 1까지 갱신되며 반복문이 구동된 후, 내부 for 문의 구동이 종료되면 외부 for 문의 i값 갱신이 재개된다. i값은 초기 값인 0에서 1로 갱신되며, 다시 내부 for 문을 반복 0부터 1까지 구동한다. 이러한 과정을 통해 최종적으로 i=2, k=1이 될 때 까지 반복문이 반복해서 구동된다.

중첩 for 문의 구동을 통해 i 값 및 k 값이 순차적으로 갱신되는 순서는 다음 그림을 참고하자.

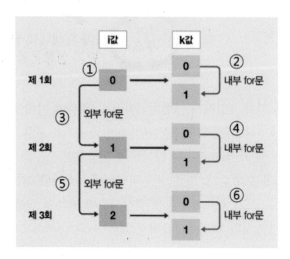

11.3 | while 문

앞서 소개한 for 문이 일정 횟수만큼의 반복을 수행하는 반복문의 형태였다면, while 문은 특정 조건에 대한 반복을 수행하는 형태에 적용되는 반복문이다. 따라서 for 문과는 달리, 반복이 적용될 횟수가 정해져있지 않고 개발자가 제시한 조건에 부합하는 경우까지 반복을 수행하므로 특정 조건에서만 반복적인 구동을 수행해야 하는 경우에 적합한 방식이다.

다음은 while 문의 구조를 살펴보자. while 문은 콜론(:) 이전에 개발자가 반복을 적용하고자 하는 조건식을 포함한다. 개발자는 이 조건식을 통해 본인이 반복적으로 코드를 실행하고자 하는 조건을 부여할 수 있다. while 문 내부에 포함된 코드블록은 주어진 조건에 대해 수행할 명령을 포함한다. 특정 조건을 만족할 때, 개발자가 구동하고자 하는 명령을 해당 코드블록에 포함시켜 원하는 출력을 도출할 수 있다.

while 문은 앞서 설명한 바와 같이 반복이 적용될 횟수가 정해져있지 않는 경우에 효과적으로 적용 가능하나, for 문의 형태와 같이 반복의 횟수가 정해진 경우에도 while 문을 통해 반복문을 구현할 수 있다. 아래 그림의 형식을 살펴보자. 앞서 설명한 for 문에서의 반복 시작 값을 while 문에서는 별도의 변수로 선언하였다. while 문에 포함된 조건식에는 반복이 구동될 조건을 해당 변수가 중단 값보다 작을 경우로 설정하였다. 그리고 while 문에 포함된 코드블록에는 반복이 수행될 때마다 사전에 선언한 변수의 값을 step만큼 더해주는 코드를 포함시켰다. 그렇다면, 초기에 시작 값으로 선언된 변수는 while 문이 반복 수행됨에 따라 지정된 step만큼 값이 증가할 것이며 이러한 반복은 변수 값이 최종적으로 중단 값과 같아질 때 중단될 것이다. 이는 반복의 적용 방식이 for 문과 동일한 형태로 적용된 것으로 볼 수 있다.

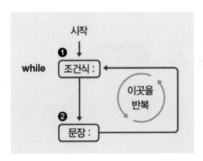

형식

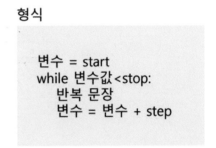

간단한 예제를 살펴보도록 하자. 우리는 앞서 for 문을 통해 'Welcome'을 다섯 번 출력하는 반복문을 구현한 바 있다. 이를 while 문으로 구현한 코드는 다음 그림과 같다. 0으로 설정된 i 변수는 while 문이 동작됨에 따라 i=i+1의 코드로 인해 i의 값이 지속적으로 더해질 것이다. 이러한 반복은 i가 주어진 while 문의 조건식인 5와 같은 값이 될 때까지 반복될 것이다. 즉, i의 값이 0일 때부터 4일 때 까지 총 5번의 반복이 적용되며 이에 따라 5번의 'Welcome'이 출력될 것이다.

```
i = 0
while i < 5 :
    print("Welcome")
    i = i + 1
```

11.4 | continue와 break 문

반복문을 적용하다 보면, 특정 조건에 대해서는 반복을 강제로 종료하거나 스킵하는 경우를 포함시켜야 할 수 있다. 이러한 경우에 적용 가능한 것이 continue 문과 break 문이다. continue 문은 개발자가 설정한 특정 조건을 스킵하고 반복을 지속해야 할 때 사용할 수 있다. break 문은 개발자가 설정한 특정 조건에서 반복문 구동을 중지하는 방식을 의미한다. 우리는 이를 통해 개발자가 원하는 조건에 보다 부합하는 반복문을 구현할 수 있다.

continue 문은 반복문의 코드블록 안에 조건문 등과 함께 포함되는 것이 일반적인데, 특정 조건에 해당할 경우, continue 문은 일시적으로 반복문의 루프를 벗어나 다음 단계의 반복을 다시 실행한다. 이를 통해 개발자가 지정한 특정 조건에 대한 반복문 구동을 스킵하는 형태이다.

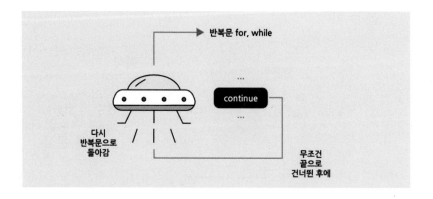

break 문은 continue 문과 동일하게 일반적으로 반복문의 코드블록 안에 조건문 등과 함께 활용된다. break 문은 사용자가 지정한 특정 조건에서 반복문 자체를 벗어나며, 이후의 반복 구동을 완전히 중지하는 형태이다.

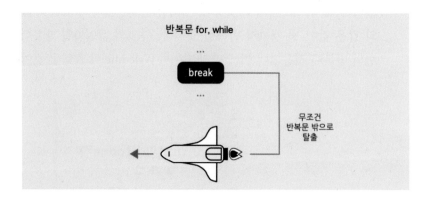

1. range()의 시작 값을 2로 하고 변수 i의 값을 1씩 줄여가며 0이 될 때까지 i값 및 '안녕하세요?'를 출력하는 프로그램을 작성해보자.

   실행결과 예

   ```
   2: 안녕하세요?
   1: 안녕하세요?
   0: 안녕하세요?
   ```

2. 1부터 사용자가 입력한 정수 n까지 더해서 (1+2+3+...+n)을 계산하는 프로그램을 작성해보자.

   조건 for 변수 in range() 구문을 사용

   실행결과 예

   ```
   어디까지 더할 것인지 입력하시오: 10
   1부터 10까지의 정수의 합 = 55
   ```

   실행결과 예

   ```
   어디까지 더할 것인지 입력하시오: 100
   1부터 100까지의 정수의 합 = 5050
   ```

3. for 문을 이용하여 팩토리얼을 계산하는 프로그램을 작성해보자.

   힌트 팩토리얼 n!는 1부터 n까지의 정수를 모두 곱한 것을 의미

   실행결과 예

   ```
   정수를 입력하시오: 5
   5! = 120
   ```

4. for 문을 이용하여 500과 1000 사이에 있는 홀수의 합을 구하는 프로그램을 작성해보자.

실행결과 예

```
500에서 1000까지 홀수의 합: 187500
```

5. 사용자로부터 그릴 다각형과 한 변의 길이를 입력받아 정다각형을 그리는 프로그램을 작성해보자.

실행결과 예

```
그릴 다각형 입력(3~6): 6
한 변의 길이 입력: 100
```

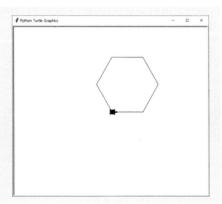

6. 거북이가 술에 취한 것처럼 랜덤하게 움직이도록 프로그램을 작성해보자.

* 30번 반복

- [1, 100] 사이의 난수를 발생하여 변수 length에 저장
- [-180, 180] 사이의 난수를 발생하여 변수 angle에 저장
- 거북이를 length만큼 움직이고 angle만큼 회전

> **힌트** 난수 발생
> · import random
> · random.randint(a, b): a부터 b까지의 임의의 정수 생성

실행결과 예

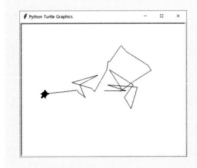

7. for 문을 이용하여 입력한 숫자의 구구단을 출력하는 프로그램을 작성해보자.

실행결과 예

```
출력할 단을 입력하시오: 8
8 * 1 = 8
8 * 2 = 16
8 * 3 = 24
8 * 4 = 32
8 * 5 = 40
8 * 6 = 48
8 * 7 = 56
8 * 8 = 64
8 * 9 = 72
```

8. 도깨비 주머니가 있다. 주머니에 돈을 넣고, 도깨비 방망이로 '탁!' 한 번 치면, 주머니에 있는 돈이 몇 배가 되고, 여기서 주머니 사용료를 제외한 금액이 남아있게 된다. 이 도깨비 주머니로 필요한 돈을 마련해보고자 한다. 한 번 '탁!' 칠 때마다 사용료가 4,00원인 주머니는 담겨 있는 돈을 5배로 불려준다. 도깨비 방망이로 두 번 두드려 필요한 돈 10,000원을 얻기 위해서는 처음에 얼마를 준비하면 되는지를 산출하는 프로그램을 작성해보자.

주머니 사용료는? **4000**
한 번 두드리면 불어나는 돈의 배수는? **5**
방망이를 치려는 횟수는? **2**
필요한 돈은 얼마? **10000**
처음에 넣어야 할 돈 : **1360**

9. 중첩 for 문을 사용하여 두 개의 주사위를 동시에 던져서 합이 6이 되는 경우의 수를 구하는 프로그램을 작성해보자.

실행결과 예

1 5
2 4
3 3
4 2
5 1
2개의 주사위 합이 6이 되는 경우의 수: 5개

10. while 문을 사용하여 1부터 사용자가 입력한 정수 n까지 덧셈을 수행하는 프로그램을 작성해보자.

실행결과 예

어디까지 더할 것인지 입력하시오: **10**
1부터 10까지의 정수의 합 = 55

11. `while` 문을 이용하여 팩토리얼을 계산하는 프로그램을 작성해보자.

> **힌트** 팩토리얼 n!는 1부터 n까지의 정수를 모두 곱한 것을 의미

실행결과 예

```
정수를 입력하시오: 5
5! = 120
```

12. `while` 문을 이용하여 양의 정수 a, b를 입력받아 a부터 b까지 출력하는 프로그램을 작성해보자. (단, a <= b)

실행결과 예

```
a를 입력하시오 : 3
b를 입력하시오: 7
Count 3
Count 4
Count 5
Count 6
Count 7
```

13. `while` 문을 이용하여 사용자로부터 음수를 입력받을 때 까지 임의의 개수의 성적을 입력받아 평균을 계산한 후 출력하는 프로그램을 작성해보자.

실행결과 예

```
종료하려면 음수를 입력하시오
성적을 입력하시오: 10
성적을 입력하시오: 20
성적을 입력하시오: 30
성적을 입력하시오: -1
성적의 평균은 20.00입니다.
```

14. while 문을 이용하여 입력받은 정수 안의 각 자릿수의 합을 계산하는 프로그램을 작성해보자. (예: 1234라면 1+2+3+4를 계산)

실행결과 예

```
정수를 입력하시오: 1234
자릿수의 합은 10
```

15. 빈 우유병 3개를 가져오면 새 우유 1병과 바꾸어 주는 고객 행사 동안, 현금 24,300원을 가지고 있는 길동이는 한 병에 300원인 우유를 모두 몇 병이나 마실 수 있을지를 계산하는 프로그램을 while 문을 이용하여 작성해보자.

실행결과 예

```
한 병의 가격을 입력하시오: 300
현재 소지하고 있는 금액을 입력하시오: 24300
총 마신 우유병 수: 121
```

16. while 문을 사용하여 별을 그려보자.

> **힌트** 5번 반복하고 반복할 때 마다 거북이를 50만큼 전진시키고, 오른쪽으로 144도 회전하면 별이 그려짐.

실행결과 예

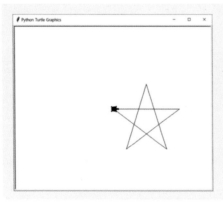

17. while 문을 사용하여 입력한 두 정수의 합계를 반복해서 계산하는 프로그램을 작성해보자. 0이 입력되면 반복문을 탈출하도록 하시오.

실행결과 예

```
첫 번째 정수를 입력하시오: 50
두 번째 정수를 입력하시오: 22
50 + 22 = 72
첫 번째 정수를 입력하시오: 79
두 번째 정수를 입력하시오: 29
79 + 29 = 108
첫 번째 정수를 입력하시오: 0
0을 입력해서 반복문을 탈출했습니다.
```

18. for 문을 이용하여 1~100까지 더하되, 누적 합계가 1,000이상이 되는 시작 지점을 구하는 프로그램을 작성해보자.

실행결과 예

```
1~100의 합에서 최초로 1000이 넘는 위치: 45
```

19. 'l'을 입력하면 거북이가 왼쪽으로 100 이동하고 'r'을 입력하면 거북이가 오른쪽으로 100 이동, 'q'를 입력하면 종료하는 프로그램을 작성해보자.

실행결과 예

```
명령 입력: l
명령 입력: r
명령 입력: r
명령 입력: l
명령 입력: q
```

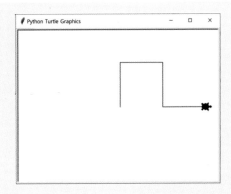

20. for 문을 이용하여 1~100까지 더하되, 1+2+4+5+7+8+10+...과 같이 3의 배수를 건너뛰고 더하는 프로그램을 구현해보자.

실행결과 예

```
1~100의 합계(3의 배수 제외): 3367
```

CHAPTER

12

함수

12.1 | 함수

우리는 기계를 활용하면서, 구체적으로는 어떠한 동작을 수행하는지 알 수 없지만 특정 명령에 대해 손쉽게 동작하는 경우를 많이 목격해왔다. 리모컨의 예를 들어보자. 우리는 리모컨의 전원 버튼을 누르면 TV가 켜진다는 것을 알고 있지만, 실제로 리모컨이 어떠한 동작을 거쳐 TV를 켜는지는 구체적으로 알지 못한다. 함수란 이러한 개념과 유사한 것으로 이해할 수 있다. 함수(Function)는 사전에 정의된 특정한 동작에 대한 구동 방법을 프로그램으로 작성한 것을 의미한다.

우리는 이미 많은 함수를 앞선 단원을 통해 다루어왔다. 예를 들어, 사용자로부터 데이터를 입력받는 input()을 상기해보자. 우리는 input()을 통해 간편하게 사용자로부터 데이터를 입력받아 변수에 할당하지만, 과연 컴퓨터는 input이라는 용어를 해석해서 명령을 인지하고, 이에 적합한 동작을 수행하고 있는 걸까? 아마도 그것은 아닐 것이다. 이와 같이 사전에 정의된, 혹은 개발자가 필요로 하는 명령어를 새로 정의하여 프로그램에 활용하는 것이 바로 함수의 개념이다.

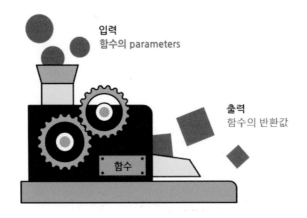

그렇다면 함수의 선언 및 활용은 어떠한 경우에 효율적일 수 있을까? 다음의 예시를 참고해보자. 다음 그림은 특정 범위에 포함되는 모든 정수를 합하는 코드이다. 범위 내 모든 정수를 합하는 방식은 같지만, 범위만 수시로 변경하여 활용하고 싶다면, 그 때마다 반복문을 구현하여 동작시키는 것이 효율적일까? 몇 번의 사례라면 이와 같은 방식을 활용할 수도 있으나, 수십 혹은 수백 번의 동일한 동작을 실행하여야 한다면 이는 결코 효과적인 방법은 아닐 것이다. 함수는 이러한 경우에 매우 효과적으로 활용될 수 있다. 우리는 기존에 반복문으로 구현하였던 코드를 함수 형태로 구현하여, 필요 시마다 해당 함수를 호출하여 프로그램을 효율적으로 구현할 수 있다. 즉, 유사한 형태의 코드에 대한 재사용이 함수의 가장 큰 특징으로 볼 수 있다.

12.2 | 함수의 유형

파이썬에서의 함수는 다양한 유형을 통해 활용할 수 있다. 앞서 설명한 바와 같이, 우리가 함수라고 인지하지 못하였지만, 실제로는 함수의 형태로 사전에 인터프리터에 탑재되어 있는 함수인 내장(Built-in) 함수가 있다. 다음으로, 별도의 외부 라이브러리에 대한 호출을 통해 파이썬에서 주요 기능을 활용할 수 있는 라이브러리 패키지가 있다. Turtle과 같은 라이브러리가 이에 해당한다. 위의 두 사례는 우리가 별도의 내부 코드에 대한 구현을 하지 않아도, 해당 함수에 대한 호출을 통해 간편하게 사용할 수 있다.

반면에 우리가 구현하고자 하는 프로그램에 적합한 함수를 별도로 구축해야 하는 경우가 있다. 앞서 설명하였던 주어진 범위 내에서의 정수 합을 산출하는 예를 살펴보자. 반복문을 통해 주어진 범위 내 정수 합을 산출하는 코드는 사전에 정의된 라이브러리 혹은 내장 함수에 포함되어 있을 가능성이 매우 적은, 우리가 필요에 의해 개발한 코드로 볼 수 있다. 이러한 경우는 우리가 별도의 함수를 생성하여 프로그램 내에서 활용할 수 있다. 이를 사용자 정의(User-defined) 함수라고 한다.

12.3 | 함수의 형태

앞서 언급한 바와 같이, 함수는 코드가 내부적으로 어떻게 동작하는지 몰라도, 함수를 실행하면 최종적으로 어떠한 동작을 수행하는지 알 수 있다. 특히, 내장 함수 및 라이브러리 패키지는 이러한 함수의 개념에 최적화되어 있는 형태이다. 그러나 사용자 정의 함수는 우리가 함수에 대한 선언 및 구성을 별도로 해야 한다는 점에서, 내부 구성에 대해 명확히 파악할 필요가 있다. 본 절에서는 사용자 정의 함수의 형태와 호출을 중심으로 함수를 이해해보자. 내장 함수 및 라이브러리 패키지도 내부 함수의 형태는 사용자 정의 함수와 다르지 않음을 명심할 필요가 있다.

먼저 사용자 정의 함수의 경우, 기본 형태는 다음과 같다. def는 함수를 정의할 것임을 의미하는 명령어로 볼 수 있다. 실질적인 함수의 정의는 뒤의 함수 이름 및 매개변수, 코드블록을 통해 확인할 수 있다.

함수 이름과 매개변수는 정의한 함수의 식별자로 이해할 수 있다. 이를 인간으로 비유하자면, 함수의 이름은 인간의 성명으로 이해할 수 있으며, 매개변수는 인간의 성명 이외 인간 개별을 구분할 수 있는 특징으로 이해할 수 있다. 우리는 함수 이름의 정의를 통해 프로그램에서 해당 함수를 활용할 수 있도록 하며, 필요 시 매개변수에 대한 선언을 통해 해당 함수의 특징을 보다 명확히 하여 프로그램 내에서의 식별 혹은 활용성을 높일 수 있다.

함수에 포함된 코드블록은 해당 함수가 프로그램에서 호출되었을 때, 어떠한 동작을 수행할지를 구현한 것을 의미한다. 이 때, 코드블록에 포함된 return 값을 통해 해당 함수가 동작한 후 최종적으로 도출될 구동 결과를 이해할 수 있다.

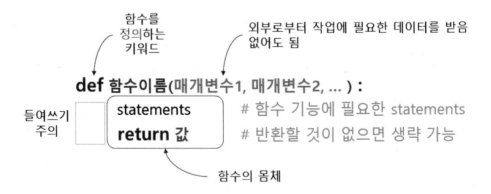

12.4 | 함수의 호출

앞서 우리는 함수의 구조를 알아보았다. 그렇다면, 정의된 함수를 프로그램 본문에서 실행하기 위해서는 어떻게 해야 할까? 우리는 함수를 본문에서 활용하는 과정을 호출(call)이라 한다.

앞서 설명한 함수의 가장 특징적 부분은 반복적 호출이 가능하다는 것이다. 우리는 사전에 정의한 함수를 반복적으로 호출할 수 있으며, 함수 호출 시 인수(argument)라고 하는 값(정보)을 지정하여 함수에 전달이 가능하다. 함수의 매개변수 포함 여부에 따라 함수를 호출할 수 있는 일반적인 형식의 유형은 다음과 같다.

- 변수 = 함수명(인수1, 인수2, ...): 입력값, 반환값 모두 있는 경우(예: a = len("abc"))
- 변수 = 함수명(): 입력값은 없고 반환값만 있는 경우
- 함수명(인수1, 인수2, ...): 입력값만 있고 반환값은 없는 경우
- 함수(): 입력값, 반환값 모두 없는 경우

우리는 함수를 선언할 때, 함수명과 적절한 매개변수 그리고 return을 통한 출력값을 포함시키는 형태를 확인하였다. 따라서, 본문에서 함수를 호출하여 활용할 때 또한 위의 세 개의 구성요소를 적절히 고려할 필요가 있다.

우선, 함수 선언 시 매개변수가 포함된 경우이다. 매개변수는 함수의 코드블록이 구동될 때 필요한 요소가 정의된 것이므로, 사용자로부터 적절한 값을 반드시 입력받을 필요가 있다. 따라서 매개변수가 포함된 함수는 호출 시 반드시 본문에서 매개변수에 할당될 인수를 포함시킬 필요가 있다.

다음으로, return값(반환값)이 존재하는 경우이다. return값이 존재하는 경우에는 우리가 해당 함수의 호출을 통해 출력되는 값의 형태를 사전에 지정한 것으로 해석할 수 있다. 따라서 본문에서의 함수 호출을 통해 도출된 return값을 변수에 할당하여 활용할 수 있음을 기억할 필요가 있다. return 값을 사전에 지정하지 않은 함수는 출력값 없이 특정 동작만을 수행하는 것으로 해석할 수 있으므로, 이를 값을 저장하는 변수의 형태로 활용하는 것은 적절하지 않다.

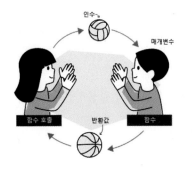

```
변수 = 함수명 ( 인수1 , 인수2, .... )
```

```
def round(v, n):
    . . .
    return rv
매개변수: v, n
```

```
pie = 3.1415927
val = round(pie, 2)
```

인수: pie, 2
매개변수: round 함수 정의 부분에 있음
반환값: round() 함수 실행 결과값으로 val에 할당되는 값

그렇다면, 함수가 실제 본문에서 어떠한 방식으로 호출되는지를 아래 그림을 통해 알아보도록 하자. 우리는 hello라는 함수명을 가진 함수를 선언하였으며, 별도의 매개변수는 포함시키지 않았다. 그리고 함수의 코드블록에는 'hello world'와 'hello python~'이라는 문장을 출력하는 코드를 구현하였다. 이를 통해, 우리는 본문에서 hello 함수 호출을 통해 위의 두 출력을 반복적으로 출력할 수 있다.

```
def hello() :
    print('hello world')
    print('hello python~')


# main - 여기에서 프로그램 수행 시작
print('start of the program')
hello()
print('middle of the program')
hello()
print('end of the program')
```

```
start of the program
hello world
hello python~
middle of the program
hello world
hello python~
end of the program
```

다음으로, 매개변수가 포함되어 있는 함수의 호출을 살펴보자. 우리는 특정 범위의 정수들의 합계를 산출하는 get_sum이라는 함수를 활용하고자 한다. 그렇다면, get_sum 함수는 합계를 시작할 정수와 합계 산출을 종료할 정수를 입력받아야 할 것이다. 우리는 이를 start와 end라는 매개변수로 정의하였으며, 코드블록에서 이를 통해 합계를 산출하고 있다. 산출된 합계는 hap이라는 변수에 저장되며, 최종적으로 hap에 대한 return을 통해 get_sum 함수의 동작 결과를 반환한다.

본문에서 get_sum함수를 통해 합계를 산출하려면 어떻게 해야 할까? 우선, get_sum 함수를 호출해야 할 것이다. 이 때, get_sum함수는 두 개의 매개변수(시작 정수, 종료 정수)를 포함하는 형태로 선언되었으므로, 본문에서 또한 실제 합계 산출을 적용할 정수의 범위를 인수로 포함시켜야 한다. 우리는 1과 10을 인수로 포함시켰으므로, get_sum함수는 55라는 값을 산출한 후 이를 반환하는 방식으로 구동될 것이다. 우리는 인수의 적절한 변경을 통해 함수를 원하는 형태로 구동, 적절한 반환값을 도출할 수 있다.

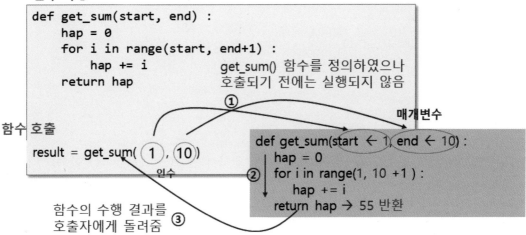

이 때, 한 가지 더 고려하여야 할 것이 있다. 앞선 함수의 구조에서 함수명과 매개변수는 함수의 개별적인 특징을 정의하는 부분으로 설명한 바 있다. 그렇다면, 만약 매개변수가 선언 시의 구성과 달라진다면 어떻게 될까? 아래 예시를 통해 살펴보자.

우리는 nPrintln라는 함수명을 가진 함수를 선언하였으며, 해당 함수는 순서대로 한 개의 문자열과 한 개의 정수를 매개변수로 활용하는 형태라 가정하자. 프로그램은 함수명과 매개변수의 형태, 개수에 대한 일치를 기반으로 해당 함수가 실제 정의되어있는지를 탐색한다. 만약 본문에서 선언된 함수에서 인수의 수가 매개변수의 수와 일치하지 않거나, 형태(string/int 등)가 일치하지 않는다면, 실제 활용하고자 하는 함수를 탐색하지 못한다. 따라서 우리는 반드시 사전에 정의된 함수의 이름과 매개변수의 형태를 반드시 고려하여 함수를 호출할 필요가 있다.

```
nPrintln(4, " 파이썬 컴퓨팅 사고 정복하자")       # error. 순서 불일치
nPrintln(" 파이썬 컴퓨팅 사고 정복하자")          # error. 개수 불일치
nPrintln(4)                                  # error. 개수 불일치
nPrintln( )                                  # error
```

실습문제

1. 정수를 입력받아서 제곱한 값을 반환하는 square() 함수를 작성해보자.

   조건 　매개변수, 반환값 모두 존재

   실행결과 예

   ```
   정수를 입력하시오: 10
   제곱값은 100
   ```

2. 두 개의 정수를 입력받아 더 큰 수를 찾아서 반환하는 get_max() 함수를 작성해보자.

   조건 　매개변수, 반환값 모두 존재

   실행결과 예

   ```
   첫 번째 정수를 입력하시오: 10
   두 번째 정수를 입력하시오: 20
   큰 수는 20
   ```

3. 인자 (x, y)를 입력하면 (0, 0)으로부터의 거리를 구하는 distance() 함수를 작성해보자.

   조건 　매개변수는 없고, 반환값만 존재

   실행결과 예

   ```
   x 좌표 입력: 3
   y 좌표 입력: 4
   거리: 5.0
   ```

4. 사용자로부터 배수와 최대값을 입력받고, 최대값까지의 모든 배수를 출력하는 mul(n, max_num) 함수를 작성하고 테스트해보자. 단, 최대값으로 배수와 같거나 배수보다 작은 숫자가 전달되면 '잘못된 입력입니다.'를 출력하도록 하시오.

조건 매개변수만 존재

실행결과 예

```
배수 입력: 6
최대값 입력: 35
6
12
18
24
30
```

실행결과 예

```
배수 입력: 7
최대값 입력: 5
잘못된 입력입니다.
```

5. 간단한 햄버거 가게 메뉴 선택 시스템을 구현해보자.

조건 • 메뉴를 화면에 출력하는 함수 print_menu(): 매개변수, 반환값 모두 없음
　　　• 사용자로부터 입력받은 메뉴 번호가 메뉴 선택 범위에 벗어나지 않았는지 검사하는
　　　　함수 check_menu(): 매개변수만 있음.

실행결과 예

```
1. 치즈버거 세트
2. 불고기버거 세트
3. 치킨버거 세트
4. 종료
메뉴 선택: 2
2번 메뉴가 선택되었습니다.
```

```
1. 치즈버거 세트
2. 불고기버거 세트
3. 치킨버거 세트
4. 종료
메뉴 선택: 5
잘못된 메뉴를 선택하셨습니다.
```

6. 사용자가 화면에서 마우스 버튼을 클릭한 경우, 클릭된 위치에 사각형을 그리는 프로그램을 작성해보자. (사각형 그리기는 square() 함수 이용)

> **힌트** 콜백 함수
> • 이벤트가 발생했을 때, 이벤트를 처리하는 함수를 콜백 함수라 부름.

```
def drawit(x, y):
    t.penup
...
...
s = turtle.Screen()        # 그림이 그려지는 화면을 얻는다.
s.onscreenclick(drawit)    # 마우스 클릭 이벤트 처리 함수를 등록한다.
```

실행결과 예

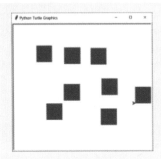

모듈

[학습목표]

▶ 모듈의 개념과 활용법을 학습
▶ 파이썬에서 제공하는 기본적인 모듈을 학습
▶ 모듈을 활용한 예제를 실습

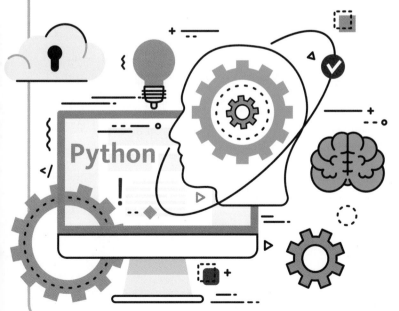

13.1 | 모듈

우리는 앞선 12장을 통해 함수의 개념과 구조, 활용방식 등을 확인해 보았다. 함수는 사용자가 반복적으로 구동해야 할 명령에 대해 별도의 코드를 사전에 구현한 후, 이를 필요시마다 본문에서 활용할 수 있는 구조를 의미한다. 그런데, 만약 반복적으로 활용해야 할 명령이 유형별로 다수 존재한다면 어떻게 구현하는 것이 효율적일까?

예를 들어 보자. 우리는 성적 산출 프로그램을 구현하고 싶다. 이 때, 매 학기/과목별 학생들의 성적 평균 및 최대값, 최소값 등의 분포를 반복적으로 출력하고 싶다. 그렇다면 우리는 매 학기 과목별로 이에 대한 코드를 매번 따로 구현해야 할까? 이 때와 같이, 반복적으로 활용하여야 할 명령을 함수 형태로 구성한 것을 모듈(Module)이라 할 수 있다.

13.2 | 모듈의 유형

파이썬에서 모듈(module)은 함수나 변수 또는 클래스들을 모아 놓은 .py(또는 .ipynb) 파일을 가리키며, 패키지(package)는 이러한 모듈들을 모은 컬렉션을 의미한다. 따라서, 모듈은 큰 틀에서 함수의 유형과 상이하지 않으므로 표준 모듈, 외부 모듈, 사용자 생성 모듈로 구분할 수 있다.

표준 모듈은 개발자가 자주 활용하는 명령을 사전에 모듈화 한 후, 파이썬 설치 시 함께 설치되어 사용자가 별도의 모듈 설치 없이 간편하게 활용할 수 있는 기본 모듈을 의미한다. 이러한 모듈은 난수 생성 및 숫자 계산 등 가장 일반적인 명령을 포함하고 있다. 외부 모듈은 사용자가 구현하고자 하는 프로그램의 특성에 맞게, 유형별 별도 설치를 적용해야 하는 모듈로 일반적으로 오픈소스 형태로 타 개발자가 사전에 구현한 모듈을 다운로드하여 활용한다. 예를 들어, 데이터 분석에 필요한 다양한 함수들을 포함한 pandas와 같은 모듈이 이에 해당한다. 사용자 생성 모듈의 경우, 개발하는 프로그램의 목적에 맞게 개발자가 별도 함수들을 통해 구현한 모듈을 의미한다. 즉, 사용자 생성 모듈은 표준 및 외부 모듈 대비 자신이 구현하고자 하는 프로그램에서만 효과적으로 활용될 수 있는 함수들을 별도 구현한 것으로 해석할 수 있다.

유형	정의
표준 모듈	파이썬 설치 시 함께 설치되는 기본 모듈을 의미(random 등)
외부 모듈	별도 라이브러리 설치를 통해 활용하여야 하는 모듈(numpy, pandas 등)
사용자 생성 모듈	사용자의 활용 목적에 따라 프로그램 구현을 위해 직접 구현한 모듈

13.3 | 모듈의 호출과 import

우리는 모듈이 현재 구현 중인 프로그램 외부에서 선언된 동작을 차용하는 것임을 고려할 필요가 있다. 따라서, 프로그램 외부에 사전에 구현된 코드를 호출하는 명령이 반드시 선행되어야 하는데, import를 통해 이를 수행할 수 있다.

import는 다른 모듈 내의 코드에 대한 접근을 가능하게 하는 명령어로, 일반적으로 다른 코드에는 변수, 함수 등이 포함되어 있다.

import의 선언은 추후 import를 통해 호출할 모듈을 어떠한 방식으로 활용할 것인가에 따라 달라질 수 있다. 우선, 프로그램의 형태에 따라 모듈 내 포함된 대부분의 함수를 활용해야 하는 경우가 있을 수 있다. 이에 대한 간단한 예시를 살펴보도록 하자.

```
import 모듈이름              # 모듈 내 모든 함수 사용 가능
import 모듈이름 as 줄임       # 모듈 내 모든 함수이름을 줄여서 사용 가능
from 모듈이름 import *       # 모듈 내 모든 함수 사용 가능
from 모듈이름 import 모듈함수  # 지정된 함수만 사용 가능
```

이 때, 위의 설명에서 모듈이름은 실제 파일명 "모듈이름.py"에서 따온 것이며, 모듈함수라 표기한 부분은 모듈에서 불러오기를 원하는 함수이름이다. 또한, 와일드카드(*)는 모듈 내의 모든 함수를 불러오는 것을 의미한다.

import를 활용한 실제 모듈 호출의 예시를 살펴보도록 하자. 다음 그림의 우측과 같이, mm이라고 모듈이름의 줄임말을 직접 활용할 수도 있으며, 와일드카드(*)를 사용하여 my_math내의 모든 함수를 활용할 수 있다. 또한, from ~ import sqrt를 사용하여 모듈 내의 특정함수만을 사용하게 할 수도 있다.

```
my_math.py

pi_val = 3.14

def sqrt(a):
    return a**0.5

def circle_area(r):
    return pi_val*r**2
```

```
import my_math as mm
print(mm.sqrt(10))
```

```
from my_math import *
print(circle_area(10))
```

```
from my_math import sqrt
print(sqrt(10))
```

13.4 | 표준 모듈의 활용

파이썬은 개발 편의성 제고를 위해 개발자가 일반적으로 활용하는 명령들을 별도의 모듈로 사전에 구현해둔 후, 파이썬 설치 시 기본적으로 이를 함께 설치하여 본문에서 쉽게 활용할 수 있는 모듈을 제공하고 있다. 이러한 형태의 모듈을 '표준 모듈'이라 하며, 표준 모듈은 별도의 표기 없이 import 명령어를 이용하여 본문에서 활용할 수 있다. random 및 calendar, time, turtle 모듈 등이 바로 표준 모듈에 해당하는 대표적인 모듈들이다.

앞서 설명한 바와 같이, 표준 함수는 파이썬 설치 시 일괄 설치되는 모듈로, 별도의 설치 과정이 필요치 않다. 본문에서의 활용은 import를 통한 선언을 통해 수행할 수 있으며, 실제 모듈 동작 과정을 몇 가지 예시를 통해 살펴보도록 하자.

우선, 특정 범위 내에서 임의의 난수를 발생시키는 데 활용되는 random 모듈을 살펴보자. random 모듈에 포함된 다양한 함수(동작)를 활용하기 위해서는 우선 import를 통해 본문에서 random 모듈을 활용할 것임을 명시하여야 한다. 이 때, random 모듈에는 난수 생성 및 활용과 관련된 다양한 함수들이 포함되어 있음을 명심하여야 한다. 우리는 일반적으로 프로그램에서 random 모듈과 관련된 모든 함수가 아닌, 실제 필요한 함수만을 활용한다. 따라서, 사용자가 활용하고자 하는 명령(함수)을 random.함수명의 형태로 활용하여야 한다. 아래의 예제에서는 특정 범위 내 정수를 임의로 반환하는 randint 함수를 활용하였다.

```
>>> import random
>>> print(random.randint(1, 6))     # 1~6 사이의 임의의 정수를 반환
6
```

```
>>> print(random.randint(1, 6))
3
>>> myList = ["red", "green", "blue"]
>>> random.choice(myList)          # 주어진 리스트 안에서 임의의 원소를 반환
'blue'
```

다음으로, 달력 및 일자와 관련된 동작이 구현되어 있는 calender 모듈을 살펴보도록 하자. 앞서 언급한 바와 같이, 모듈은 다양한 함수 및 변수 등을 포함하고 있으며, 우리는 그 중 일부 프로그램에 필요한 동작만을 활용한다. 따라서, import시 모듈 내 특정 동작만을 선택적으로 불러올 수도 있는데, 이 때의 선언은 아래와 같이 from 모듈명 import 함수명의 형태로 활용할 수 있다 (이 때, *은 추후 활용 시 모듈 이름은 생략하고 코드를 작성하겠다는 의미이다). 아래의 예제에서 우리는 calender 모듈에 포함된 년, 월의 달력을 반환하는 함수 month()를 활용하고자 한다. 주어진 년, 월에 대한 달력을 저장한 cal 변수의 호출을 통해 최종적으로 2020년 6월의 달력을 반환할 수 있다.

```
from calendar import *

cal = month(2020, 6)          # calendar.month() 주어진 년, 월의 달력을 반환
print(cal)
```
```
     June 2020
Mo Tu We Th Fr Sa Su
 1  2  3  4  5  6  7
 8  9 10 11 12 13 14
15 16 17 18 19 20 21
22 23 24 25 26 27 28
29 30
>>>
```

13.5 | 외부 모듈의 활용

다음으로 외부 모듈(또는 라이브러리: library)에 대해 보다 세밀하게 살펴보도록 하자. 외부 라이브러리는 전 세계 파이썬 개발자들이 모듈을 개발하여 github.com, pypi.org 등의 오픈소스 상에서 공유되고 있으며, 궁극적으로는 표준 모듈 대비 보다 전문적이고 세분화 된 동작들을 모듈화 한 것으로 이해할 수 있다.

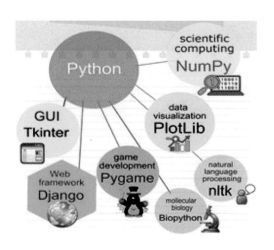

외부 모듈은 별도의 설치 프로세스를 먼저 수행한 후 활용할 수 있는데, jupyter notebook에서는 『pip install 모듈이름』의 명령어를 통해 설치 가능하다. 이렇게 설치된 외부 모듈은 파이썬 표준라이브러리 폴더에 "site-packages" 폴더 아래에 저장되며 추후 표준 모듈과 동일하게 import 혹은 from-import의 활용을 통해 원하는 모듈을 프로그램에서 활용할 수 있다.

데이터 핸들링 및 분석 등을 위해 일반적으로 활용되는 pandas 모듈을 통해 쉽게 이해해 보자. 다음은 pandas를 활용해 학생들의 성적부를 만드는 간단한 예제이다. 우선, 우리는 pandas라는 외부 모듈을 활용할 것이므로, 앞선 표준 모듈과 동일하게 import를 활용하여 해당 모듈을 활용할 것임을 선언하여야 한다. 이 때, 반복적으로 활용될 모듈의 이름을 as를 활용하여 요약된 형태로 선언할 수 있다. 예제의 코드에서는 pandas를 pd라는 요약된 이름으로 활용할 것임을 선언하였다. 다음으로, 성적부에 포함될 학생의 이름과 국어, 영어, 수학 성적을 딕셔너리 형태로 선언하였다. 우리는 딕셔너리 형태로 선언된 data를 pandas의 DataFrame()함수를 통해 최종적으로 원하는 데이터를 데이터프레임 형태로 간편하게 변환할 수 있다.

```python
import pandas as pd

data = {'이름': ['홍길동', '김철수'. '김영희'],
       '수학성적': [90, 80, 100],
       '영어성적': [75, 90, 85],
       '국어성적': [85, 75, 95]}

df = pd.DataFrame(data)
df
```

	이름	수학성적	영어성적	국어성적
0	홍길동	90	75	85
1	김철수	80	90	75
2	김영희	100	85	95

사용자 생성 모듈은 개발자가 직접 작성한 모듈로, 개발자가 구현하고자 하는 프로그램에 최적화 되어 있는 함수 또는 변수들의 집합이라 할 수 있다. 사용자 생성 모듈은 구현한 함수나 변수 또는 클래스들을 별도의 파일로 분리하는 방식으로 모듈화를 적용할 수 있으며, 추후 활용 시 표준 및 외부 모듈과 동일하게 import 명령어를 사용하여 호출할 수 있다.

다음은 getsum.py라는 파일 내에 get_sum이라는 일련의 숫자 합을 도출하는 함수 부분을 분리하여 calcsum.py로 모듈화하고, 이를 우측 하단의 getsum.py과 같이 import calcsum 명령어를 이용하여 calcsum 모듈을 호출하는 형식으로 활용하는 모듈에 대한 예제이다. 실제 프로그램 구현에서의 기본적인 활용법은 앞선 표준 및 외부 모듈과 동일한 형태이나, 모듈 내 내부 함수의 구성을 개발자가 직접 수행하였다는 것이 가장 큰 특징이다.

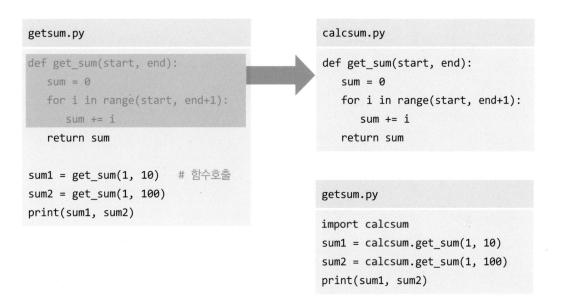

getsum.py

```
def get_sum(start, end):
    sum = 0
    for i in range(start, end+1):
        sum += i
    return sum

sum1 = get_sum(1, 10)    # 함수호출
sum2 = get_sum(1, 100)
print(sum1, sum2)
```

calcsum.py

```
def get_sum(start, end):
    sum = 0
    for i in range(start, end+1):
        sum += i
    return sum
```

getsum.py

```
import calcsum
sum1 = calcsum.get_sum(1, 10)
sum2 = calcsum.get_sum(1, 100)
print(sum1, sum2)
```

모듈은 일반적으로 여러 동작을 포함하고 있음을 고려, 여러 함수와 변수를 포함하는 모듈을 구현했을 경우의 예시를 살펴보자.

my_math.py 모듈은 pi_val 값(즉, 3.14)과 sqrt 함수, 원의 면적을 구하는 함수를 포함하고 있으며, 이를 import my_math.py로 호출하여 cal_test1.py 파일에서 활용할 수 있다.

```
my_math.py

pi_val = 3.14

def sqrt(a):
    return a**0.5

def circle_area(r):
    return pi_val*r**2
```

```
cal_test1.py

import my_math

print(my_math.pi_val)
print(my_math.sqrt(10))
print(my_math.circle_area(10))
```

실습문제

1. turtle과 random 모듈을 활용하여 거북이가 10번 임의의 좌표로 이동하며 선을 긋는 프로그램을 작성해보자.

실행결과 예

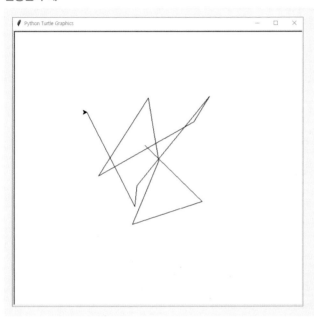

2. math 모듈을 활용하여 입력받은 정수의 제곱과 세제곱을 출력하는 프로그램을 작성해보자.

실행결과 예

```
정수를 입력하시오: 2
제곱값은 4.0
세제곱값은 8.0
```

3. math 모듈을 활용하여 입력받은 반지름을 기반으로 원의 넓이를 산출하는 프로그램을 작성해보자.

> **조건** 파이는 math 모듈의 pi를 활용하고, 출력값은 int형으로 형변환하시오.

실행결과 예

```
반지름을 입력하시오: 10
원의 넓이는 314
```

4. math 모듈을 활용하여 사용자로부터 입력받은 정수에 대한 팩토리얼 값을 출력하는 코드를 구현해보자.

> **조건** math 모듈의 factorial()를 활용하고, 반복문을 활용하여 세 개의 정수에 대한 팩토리얼 값을 출력한 후 구동을 중지하도록 하시오.

실행결과 예

```
정수를 입력하시오: 10
입력된 수의 팩토리얼 값은 3628800
정수를 입력하시오: 8
입력된 수의 팩토리얼 값은 40320
정수를 입력하시오: 5
입력된 수의 팩토리얼 값은 120
```

5. pandas 모듈을 활용하여 세 명의 학생에 대한 국어, 영어, 수학 성적을 관리하는 데이터프레임을 생성하고, 수학 성적과 영어 성적을 출력하는 프로그램을 구현해보자.

> **조건** 아래 딕셔너리를 기반으로 데이터프레임을 생성하시오.
> data = { '이름': ['김철수', '김영희', '김연세'], '국어': [90, 80, 75],
> '영어': [100, 70, 85], '수학': [95, 85, 100] }

	수학	영어
0	95	100
1	85	70
2	100	85

6. 실습 5에서 구축한 성적표 데이터프레임에서, 과학 점수를 추가하는 프로그램을 작성해보자.

> **조건** 아래 데이터를 기반으로 데이터프레임을 생성하시오.
> 과학 성적: [75, 80, 95]

실행결과 예

	이름	국어	영어	수학	과학
0	김철수	90	100	95	75
1	김영희	80	70	85	80
2	김연세	75	85	100	95

Computational Thinking and Software
with Python

컴퓨팅 사고를 통한
종합적 문제해결 프로젝트

[학습목표]

▶ 컴퓨팅 사고의 문제 분해, 패턴 인식, 추상화, 알고리즘, 프로그래밍을 통한 자동화의 종합적 문제해결 예제를 학습

369 게임기 **14.1**

키오스크 주문기 **14.2**

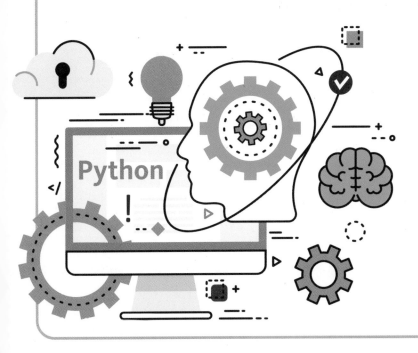

이 장에서는 지금까지 학습한 내용으로 소규모의 프로젝트를 수행하는 방법에 대해 다루고자 한다. 일상생활의 간단한 문제를 앞에서 학습한 컴퓨팅 사고를 적용하여 문제를 해결하고 프로그래밍을 통한 자동화 단계까지 완성해보자.

14.1 | 369 게임기

문제 상황

진리는 2명의 플레이어가 369 게임을 수행하고 각 플레이어가 외친 숫자와 게임 종료 시 게임의 승자와 패자가 누구인지를 알려주는 게임을 만들고자 한다.

문제 분해

369 게임 문제는 플레이어 설정, 배수 확인, 게임종료로 더 작은 문제로 분해할 수 있다. 분해된 문제는 아래와 같이 더 작은 단위의 문제로 분해할 수 있다.

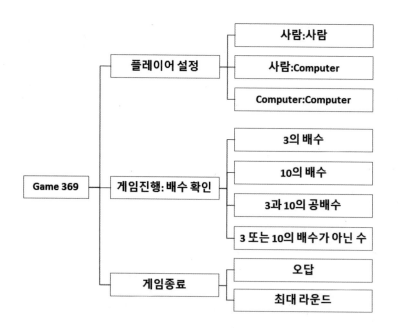

패턴 인식

- 현재 라운드의 숫자가 3의 배수인지 10의 배수인지 확인하는 것을 나머지 연산을 통해 패턴화하여 check_times() 함수로 작성한다.
- 두 플레이어는 서로 번갈아가면서 행동을 취하며, 정답 또는 오답 행동을 결정하기 위해 난수값을 이용해 결정하도록 패턴화하여 check_rand() 함수로 작성한다.

- 플레이어가 오답을 외치거나 게임에서 정한 최대 라운드에 도달하면 게임은 종료된다.

추상화

- 플레이어 설정: 컴퓨터와 컴퓨터가 자동 교전을 하는 것으로 설정한다.
- 3의 배수마다 박수를 치는 패턴을 화면에 "짝"을 출력하도록 한다.
- 10의 배수마다 만세를 외치는 패턴을 화면에 "만세"를 출력하도록 한다.
- 3과 10의 공배수이면 10의 배수일 때의 패턴을 따른다.
- 3의 배수도 10의 배수도 아니면 숫자를 외치는 패턴을 화면에 해당 숫자를 출력하도록 한다.
- 각 플레이어의 행동은 0~1사이의 난수를 발생시켜 0.8보다 작으면 패턴에 맞게 정답의 행동을 취하고 0.8보다 크거나 같으면 오답의 행동으로 현재 숫자보다 1 큰 수를 외치는 것으로 추상화한다.
- 플레이어가 규칙을 어겨 게임이 종료될 경우 승자와 패자의 정보를 화면에 출력한다.
- 게임이 최대 라운드 1000에 도달하여 종료될 경우 화면에 무승부로 출력한다.

알고리즘

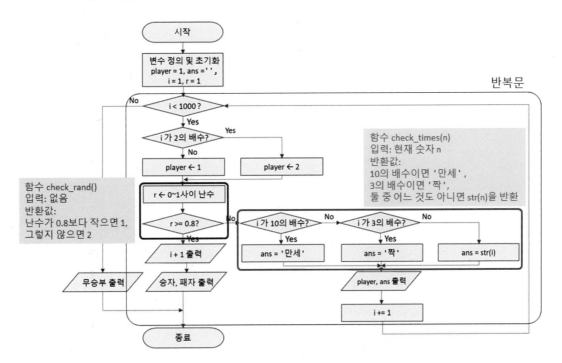

- 게임종료 조건이 만족될 때까지 라운드를 반복하도록 반복문을 이용한다.

- 현재 라운드에서 플레이어가 취할 행동을 결정하기 위해 난수를 생성하여 check_rand() 함수를 이용한다.
- 현재 라운드의 숫자가 3의 배수인지 10의 배수인지를 확인하는 패턴을 check_time(n) 함수를 이용한다.

자동화: 파이썬 프로그램 작성

변수

- player: 현재 라운드의 플레이어 정수 (1 or 2)
- ans: 플레이어가 선택한 행동 문자열
- i: 현재 라운드의 숫자 정수 (1~1000)
- r: 생성된 난수값에 따른 정답 또는 오답 행동 정수 (1 or 2)

```python
import random

player = 1
ans = ' '
i = 1
r = 1

# 0~1 사이의 난수생성을 통해 컴퓨터 플레이어의 정답, 오답 행동 결정
def check_rand():
    number = random.random()
    if number < 0.8:
        result = 1
    else:
        result = 2
    return result

# 현재 숫자의 따른 정답 행동 결정
def check_times(n):
    if n % 10 == 0:
        result = '만세'
    elif n % 3 == 0:
        result = '짝'
    else:
        result = str(n)
    return result

# 게임 시작
while True:
    # 최대 숫자 1000에 도달하면 게임 종료
```

```
    if i = 1000:
        print('무승부로 게임 종료')
        break
    else:
        # 현재 턴의 플레이어가 누구인지 저장
        if i % 2 == 1:
            player = 1
        else:
            player = 2

        # 컴퓨터 플레이어가 정답을 외칠지, 오답을 외칠지 결정
        r = check_rand()

        if r == 1:
            # 컴퓨터가 정답 행동을 취함. 현재 숫자에 따라 올바른 행동 결정
            ans = check_times(i)
            print('Player', player, ':', ans)
        else:
            # 컴퓨터가 오답 행동을 취함. 현재 숫자 + 1 출력
            ans = str(i+1)
            print('Player', player, ':', ans)
            print('WINNER: Player', (player)%2+1, ', LOSER: Player',
                                                        player)

            break
        i += 1
```

실행결과는 다음과 같다.

문제 상황

믿음이는 연세 카페에서 친구들과 음료를 사려고 한다. 연세 카페에서는 주문을 무인 현금 키오스크 주문기로만 받고 있다. 음료 종류와 수량을 입력한 후, 현금을 투입하면 거스름돈과 주문번호가 적힌 주문증이 출력된다. 주문번호가 알림창에 뜨면 음료를 받아간다.

문제 분해

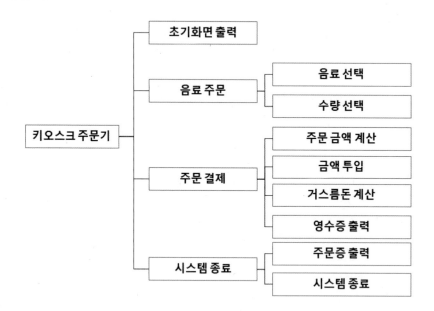

초기화면 출력, 음료 주문, 주문 결제, 시스템 종료로 문제를 분해하고 음료 주문과 주문 결제는 더 작은 문제로 음료 선택, 수량 선택과 주문금액 계산 금액투입, 거스름돈 계산, 영수증 출력 문제로 분해한다.

패턴 인식

- 초기화면에서 입력을 받을 수 있도록 initialize() 함수로 패턴화한다.
- 음료 주문을 위해 음료와 수량을 선택하는 부분을 패턴화하여 order() 함수로 패턴화한다.
- 주문 금액을 계산하고 현금을 투입한 후 거스름돈 계산과 영수증 출력하는 부분을 pay() 함수로 패턴화한다.

추상화

- 초기화면에서는 음료 주문, 주문 결제, 키오스크 시스템 종료로 단순화한다.
- 판매 음료의 종류와 가격을 Americano 2000원, Caffe Latte 3300원, Iced Tea 2500원, Milk Tea 3800원, Soda 2000원으로 단순화한다.
- 키오스크 현금 주문기는 10000원권, 5000원권, 1000원권만 투입할 수 있으며 거스름돈은 1000원권, 500원, 100원짜리 동전으로만 거슬러준다고 단순화한다.
- 영수증은 주문한 음료의 종류와 수량, 전체 주문금액, 투입한 금액, 거스름돈 정보를 출력하도록 한다.

알고리즘

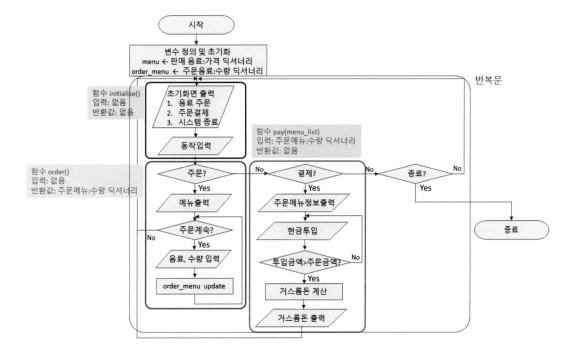

- 시스템 종료를 선택할 때까지 반복하도록 반복문을 이용한다.
- 초기화면을 출력하도록 initialize() 함수를 이용한다.
- 음료 주문 선택 시 음료 종류, 수량을 입력받고 계속해서 주문을 진행할 수 있도록 order() 함수를 이용한다.
- 주문 결제 선택 시 주문 메뉴 종료, 수량, 총 주문금액 정보를 출력하고 현금을 투입받은 후 거스름돈을 계산하여 영수증 형태로 출력하는 pay() 함수를 이용한다.

자동화: 파이썬 프로그램 작성

변수

전역변수

- menu: 판매 음료 종류와 가격 딕셔너리
- order_menu: 주문한 음료 종류와 수량 딕셔너리

initialize() 함수 지역변수

- choice: 선택한 동작 정수 (1~3)

order() 함수 지역변수

- order_list: 주문한 음료 종류와 수량 딕셔너리
- choice: 선택한 동작 정수 (1 or 2)

pay() 함수 지역변수

- menu_list: 주문한 음료 종류와 수량 딕셔너리
- total_price: 총 주문금액 정수
- in_money: 투입한 총 금액 정수
- change: 거스름돈 정수
- paper_1000, coin_500, coin_100: 1000원, 500원, 100원 거스름돈 개수 정수

```python
# 초기화면 출력
def initialize():
    print("Yonsei Cafe에 오신 것을 환영합니다.")
    print("1: 음료 주문 2: 주문 결제 3: 시스템 종료")

    while True:
        choice = int(input("원하는 항목을 선택하세요(1~3): "))
        if choice < 1 or choice > 3:
            input("잘못된 입력입니다. 다시 선택하세요(1~3): ")
        else:
            break
    return choice

# 음료 주문
def order():
    order_list = {}
    for item in menu:
        print("{:10s} : {}".format(item, menu[item]))
```

```python
    while True:
        choice = input("원하는 항목을 선택하세요(1.주문계속 2.주문완료): ")
        if choice == '1'
            item, num = input("주문할 음료의 종류와 수량을 입력하세요.
                                            (예: Americano/2): ").split('/')
            if item not in menu:
                print("Yonsei Cafe에 없는 메뉴입니다.")
                continue
            if item in order_list:
                order_list[item] += int(num)
            else:
                order_list[item] = int(num)
        elif choice == '2':
            break
        else:
            print("잘못입력하셨습니다. 다시 입력하세요.")
    return order_list


# 주문 결제
def pay(menu_list):
    total_price = 0
    if len(menu_list) == 0:
        print("선택한 메뉴가 없습니다.")
        return
    else:
        print("=========================")
        print("{:10s} {:3s} {:6s}".format("주문메뉴", "수량", "가격"))
        for item in menu_list:
            price = menu[item]*menu_list[item]
            total_price += price
            print("{:10s} {:6,d} {:7,d}".format(item, menu_list[item], price))
        print("=========================")
        print("주문금액: {:,d}원".format(total_price))

    while True:
        in_money = 0
        money = input("현금을 투입하세요.
                        (10000원, 5000원, 1000원 수량 입력, 예: 1 1 1): ").split()
        in_money += 10000*int(money[0]) + 5000*int(money[1]) + 1000*(int(moeny[2]))
        if in_money < total_price:
            print("주문금액보다 투입금액이 모자랍니다.")
        else:
            break
    change = in_money - total_price
    paper_1000 = change // 1000
    coin_500 = change % 1000 // 500
```

```
    coin_100 = change % 500 // 100
    print("투입금액: {:,d}원".format(in_money))
   print("거스름돈: {:,d}원 (1000원:{:,d}개, 500원:{:,d}개, 100원:{:,d}개)".
                           format(change, paper_1000, coin_500, coin_100))


menu = {"Americano":2000, "Cafe Latte":3300, "Iced Tea":2500, "Milk Tea":3800,
                                                           "Soda":2000}

order_menu = {}


while True:
    choice = initialize()
    if choice == 1:
        order_menu = order()
    elif choice == 2:
        pay(order_menu)
        order_menu = {}
    else:
        print("시스템이 종료됩니다.")
        break
```

실행결과는 다음과 같다.

```
IDLE Shell 3.10.1                                                    —   □   ×
File  Edit  Shell  Debug  Options  Window  Help
    Python 3.10.1 (tags/v3.10.1:2cd268a, Dec  6 2021, 19:10:37) [MSC v.1929 64 bit (
    AMD64)] on win32
    Type "help", "copyright", "credits" or "license()" for more information.
>>>
    === RESTART: C:/Users/Ellen/AppData/Local/Programs/Python/Python310/kiosk.py ===
    Yonsei Cafe에 오신 것을 환영합니다.
    1: 음료 주문 2: 주문 결제 3: 시스템 종료
    원하는 항목을 선택하세요(1~3): 1
    Americano  : 2000
    Cafe Latte : 3300
    Iced Tea   : 2500
    Milk Tea   : 3800
    Soda       : 2000
    원하는 항목을 선택하세요(1.주문계속 2.주문완료): 1
    주문할 음료의 종류와 수량을 입력하세요.(예: Americano/2): Americano/2
    원하는 항목을 선택하세요(1.주문계속 2.주문완료): 1
    주문할 음료의 종류와 수량을 입력하세요.(예: Americano/2): Cafe Latte/2
    원하는 항목을 선택하세요(1.주문계속 2.주문완료): 1
    주문할 음료의 종류와 수량을 입력하세요.(예: Americano/2): Milk Tea/1
    원하는 항목을 선택하세요(1.주문계속 2.주문완료): 1
    주문할 음료의 종류와 수량을 입력하세요.(예: Americano/2): Cafe Latte/1
    원하는 항목을 선택하세요(1.주문계속 2.주문완료): 2
    Yonsei Cafe에 오신 것을 환영합니다.
    1: 음료 주문 2: 주문 결제 3: 시스템 종료
    원하는 항목을 선택하세요(1~3): 2
    ==========================
    주문메뉴      수량  가격
    Americano     2    4,000
    Cafe Latte    3    9,900
    Milk Tea      1    3,800
    ==========================
    주문금액: 17,700원
    현금을 투입하세요.(10000원, 5000원, 1000원 수량 입력, 예: 1 1 1): 2 0 0
    투입금액: 20,000원
    거스름돈: 2,300원 (1000원:2개, 500원:0개, 100원:3개)
    Yonsei Cafe에 오신 것을 환영합니다.
    1: 음료 주문 2: 주문 결제 3: 시스템 종료
    원하는 항목을 선택하세요(1~3): 3
    시스템이 종료됩니다.
>>>
                                                                    Ln: 39  Col: 0
```

Computational Thinking and Software
with Python